Betwe

MW01269008

» LUDUS «

Medieval and Early Renaissance Theatre and Drama

3

Edited by

Wim Hüsken

Volume 1: English Parish Drama
Volume 2: Civic Ritual and Drama
Volume 3: Between Folk and Liturgy

Amsterdam - Atlanta, GA 1997

Between Folk and Liturgy

Edited by
Alan J. Fletcher
and
Wim Hüsken

♾ The paper on which this book is printed meets the requirements of "ISO 9706:1994, Information and documentation - Paper for documents - Requirements for permanence".

♾ Le papier sur lequel le présent ouvrage est imprimé remplit les prescriptions de "ISO 9706:1994, Information et documentation - Papier pour documents - Prescriptions pour la permanence".

ISBN: 90-420-0395-2
©Editions Rodopi B.V., Amsterdam - Atlanta, GA 1997
Printed in The Netherlands

Contents

Illustrations

Introduction

Alan J. Fletcher*

Between Folk and Liturgy, the title of this collection, should not be understood to refer to some fixed point, some stable place between the two extremes of an illiterate and a literate culture. Rather, the title flags the colourful spectrum of medieval dramatic possibility, a spectrum which has grown ever wider and more variegated in recent years as our understanding of early theatre has advanced on a number of important fronts. Anyone reading the essays gathered here is likely to come away from them with the conviction that many of the pigeonholes into which our understanding of early European drama was formerly slotted are now becoming hopelessly inadequate. Only a generation ago it was possible to be more confident, comfortable in a knowledge of certain certainties. Now, the growth in our awareness of how richly diverse medieval dramatic experience was repeatedly challenges our previous definitions, exposing many as facile, suggesting new questions in the moment that it answers others, and demanding a reciprocally heightened versatility and sophistication from those critics who would speak on the subject. The suppleness of the approaches taken here is the minimum critical requirement of anyone wanting to do justice to so complex and multifold a phenomenon as is early European drama.

Just as the diverse sources that nourish this drama could be said to be situated "Between Folk and Liturgy", so the geographical terrain that these essays traverse ranges from the British Isles in the west to Poland in the east (the latter being an especially welcome newcomer to the medieval European dramatic union). France is particularly well served, and this is where the collection begins, with Konrad Schoell's brave overview of what the "popular" in "popular theatre" means. Modern ideas of what a "popular theatre" is are varied, and may even contain dialectically opposite positions: for example, "theatre for the people" and "theatre by the people", two categories often spoken about, are often subsumed in the use of the word "popular", yet they are, of course, not always mutually compatible. A dichotomy such as this may indicate how fragile the concept "popular theatre" can be, and point up the vulnerabilities in its application. This becomes especially true when attempts are made to invoke the "popular theatre" of anterior cultures. Schoell proceeds to distinguish four types of theatre in medieval France of which the word "popular" may fairly be used. They range from entertainments provided by such performers as acrobats, bearwards and the like at fairs and markets, to the inclusive, communal enterprises that the production of the *mystères* seems to have been, and lastly to the mélange of pure amusement and social criticism that may be found in the *farce* and the *sottie*. The issue of "popular" is given added definition, specifically in the context of *farce* and *sottie*, in the spacious exploration of Jean-Claude Aubailly that follows. Aubailly asks how truly popular these theatrical forms were, and draws our attention to an important source of evidence bearing on this question: the extent of their coincidence with popular calendrical festivities. Using as a point of departure Arnold van Gennep's classification of the year's festive cycles (the cycle of the Twelve Days over Christmastide, of Carnival and Lent, of Easter, of May, and of St. John), Aubailly investigates each in turn, defining what the liaison between drama and feast was. Two of the cycles stands out as being of particular significance, Carnival and Lent, and May. Aubailly argues that the drama may penetrate the celebration of the feast, appropriating the feast's characteristic structures in such a way as to stimulate critical reflection on society. Only the liberated climate of the feast can sanction and facilitate such social reflection in the first place. While *farce* and *sottie*, then, may have provided the feast with some of its distinctive voices, with vehicles by which its characteristic festive concerns were conveyed, they may also at once have allowed the festive 'rire d'évasion' to become the political 'rire de lucidité'[1], opening up clear vantage points from which to view the politics of their historical moment. Aubailly's view redoubles its plausibility in the company of what Alan E. Knight has to say about the *farce*'s use of the folk tale motif of magical transformation. The *farce*, rather like that other genre, *fabliau*, to which it is akin, is remorseless in its evocation of mundane, often banal, realities. It projects a world in which things like straw, bacon flitches, bed-pans, bodily functions, lice and the like are the common coin, ethical imperatives indeed, and where such politics as there are are cynical, petty, and only too familiar. In doing this, the *farce* makes its own clamorous acclamation against the glamours of magic and romance. Yet when it absorbs motifs from the fairy-tale world of folk culture, something that it does frequently, their supernatural elements are denatured and rationalized to fit snugly amongst the grosser realities upon which the ethos of the *farce* is predicated. This seems to be the rule, and one late-medieval French *farce*, *Les femmes qui font refondre leurs maris*, turns out only to be the exception to prove it. Here, a metal founder has a magical forge in which he can smelt down worn out old husbands—forty years is tantamount to dilapidation—and recast them as lusty young twenty-year olds, a prospect that their wives entertain with relish. The foundry swings into action. But when the husbands emerge with virility freshly burnished, so too does their domineering grip upon their households. Crestfallen, the wives protest, but the process is irreversible, says the metal founder, and so they had best take it patiently. Thus the folk motif of magical transformation is itself transformed, magicked into a spring in a larger plot mechanism that fully serves the interests of the *farce*'s prevailing ethos.

The folkloric input into drama is again to the fore in J. Charles Payen's study of the plays of Adam de la Halle. Payen's principal concern is with Adam's dramatic and ideological deployment of folkloric elements. He finds folklore in the *Jeu de la feuillée*, that play that 'médite sur l'illusion et l'échec'[2], operating in a caustic style and getting entangled in a quasi-psychodramatic process. In this play, folklore's deployment is considered and strategic, not arbitrary. In the *Jeu de Robin et Marion*, on the other hand, the folkloric appears in a depersonalized guise. Nevertheless, something that both plays have in common is a certain flight from reality. In Payen's view, Adam admitted folklore into his drama not only because popular culture fascinated him, but also because it offered him a stylistic enrichment for his language and a cultural syntax whereby he could express his ideas. Important as folklore might be as an ingredient in the crazy stew of discourses that is the *Jeu de la feuillée*, Herman Braet chooses another line of enquiry. In this play, where the boundaries between mimesis and reality are allowed to blur, the non-verbal level of communication, which may have related closely to the real world beyond the fictive one of the play, is especially significant. The *Jeu de la feuillée* becomes the site of a defamiliarization, Braet suggests, where from behind the fictive Adam character of the play there steps the real Adam, the author himself, known to his contemporaries in the reality of thirteenth-century Arras. The defamiliarization forces a recognition of the real Adam as he was known, a man for whom the happy-ever-after of fairyland ultimately held no promise, and for whom the world was as ugly and life as deceptive as it had always been thought to be.

We quit medieval France for England with an innovative and thoughtful essay by Nicholas M. Davis, though we remain with the theme of folk culture. Davis begins by drawing attention to the shift that has occurred in critical writing away from Frazerian cultural anthropology as an explanation for folk disports and similar phenomena. Rather than search for roots in pagan ritual archetypes, critics are now more disposed to examine the synchronic context of folk activity and to investigate how that activity fulfilled immediate social needs. Davis proceeds to trace six salient generic features of his chosen topic, the English King game, including amongst these the observation that the rule of the game King may not have constituted a challenge to or an inversion of the quotidian authority that held sway out in the real world beyond the immediate jurisdiction of the game, but may indeed have been a rule that sought to legitimate itself precisely in terms of that quotidian external authority. Thus the authority of the game King had a Janus-like gaze: not only was it exercised over his immediate "servants" in the game world, but also where it could not strictly presume to impose, over real representatives of quotidian authority. In fact, there is some evidence that the game King and his crew actively sought out opportunities to confront such representatives. Consequently it was from this interface with reality that the game drew its strength, and so was not the exclusive property of the social group who performed it; in theory, it had an unbounded capacity to assimilate the real. Remaining in England, though travelling now south-west to its Cornish tip, the essay of Merle Fifield inhabits the borderlands "Between Folk and Liturgy". Her subject is the late-fifteenth century Cornish play *Beunans Meriasek*. If the play may have originally been inspired by local and popular cultic veneration of St. Meriasek, the finished product, in her reading, reflects an accommodation between the traditions of popular hagiography and a sophisticated and clerically-constructed sensibility. One of the curious things about *Beunans Meriasek* is that, unlike most saint plays where major scenes normally concern the saint in question, this play deals conversely with two additional main characters, each of whom is treated to a formally separate plot. Not surprisingly, critics have tended to judge the play's structure disparate and eclectic, but Fifield makes a good case that its playwright and audience may have understood the three principal characters as typological and tropological figurations of each other. She ingeniously proposes sets of associative and thematic analogues that bind the seemingly random episodes together. For example, the three protagonists of the play's three episodes, though individually contrasted, nevertheless share sets of common qualities. Furthermore, the protagonists' different social positions generalize the application of the play's message across the Three Estates of medieval society. Of a different order are the problems associated with the Bodley *Burial and Resurrection*, and they are arbitrated in the next essay with characteristic care by Peter Meredith. Attention now swings from the south west of England to somewhere in the north east: the copyist of the *Burial and Resurrection* was almost certainly a Carthusian who, to judge by his written scribal dialect, was working either at the Mount Grace or the Kingston-upon-Hull Charterhouse, both in Yorkshire. The first question to settle is whether the *Burial and Resurrection* were actually plays or meditations. This doubt was introduced by the scribe of the Bodley manuscript himself, because he copied and laid out the first part of the *Burial* as if it were a narrative poem (he calls it a 'treyte' or treatise). But some way into his copying, his initial *mise en page* lapses and the remainder, the rest of the *Burial* and all the *Resurrection*, is laid out as a play. After a survey of earlier views on the matter, Meredith convincingly demonstrates from a close inspection of the relationship of text and manuscript that the original was indeed a play: the copyist had begun by adapting it as a meditation or treatise, but then had abandoned his attempt part way through. Meredith clears away some recent critical misconceptions and ends by broaching further intriguing questions. While the *Burial and Resurrection* seem to spring out of liturgical drama rather than stand as examples of liturgical drama proper, by whom were they performed? Could they have been presented in the chapel of some great secular household, and be expressions of lay piety? Or could they indeed be unique witnesses to the existence of a variety of English Carthusian vernacular drama? There is scope for more work to be done on them.

The last two essays return once more to mainland Europe, and the first of them, E. Catherine Dunn's account of another encounter between secular theatrical traditions and the Church, deals with the earliest material in this essay collection. Dunn argues that after the collapse of the Roman Empire, the Roman mimic performers (the *mimi* and *joculatores*) migrated throughout Europe and adapted their performance skills in order to survive in changed circumstances. She traces the ambivalent feelings with which their new host cultures received them. To the early christian Middle Ages, *mimi* and *joculatores* were the inheritors and perpetuators of an offensively pagan culture and were peddlars of scurrility. Nor did they ever escape the stigma of being regarded as low-class. They had already been thus stigmatized in classical times— they were usually slaves and excluded from voting—and this ancient stigma they carried with them well into Carolingian times and beyond (witness the Carolingian decrees of *infamia* proclaimed against them). On the other hand, they were adept at providing recreation, something that even christians needed to indulge in from time to time, and were thus able to rehabilitate themselves by reciting edifying stories of heroic warriors and saints. For example, in Thomas de Cabham's famous thirteenth-century classification of minstrels, an acceptable few specialized in *gesta principum et vitas sanctorum.*[3] Dunn plausibly suggests that by the era of the Gallican liturgy (between the sixth and eighth century), an accommodation had already been reached between the mimic repertoire and its practitioners and the pastoral work of the Church, and that this may have been evidenced in public readings (performances?) of lives of the saints. Such an accommodation is perhaps more famously familiar from the later Middle Ages in the persons of the friars, the *joculatores Dei*, as St. Francis himself styled them. The last essay, by Eleonora Udalska, begins with the liturgical, then returns to the folk, thus leading this collection back full circle to the thematic place in which it began, though in geographical terms, taking us to our most easterly point, Poland. Latin liturgical drama is known to have existed in Poland by the twelfth and thirteenth centuries. There is extensive evidence for *Visitatio Sepulchri* drama, with a version from Kraków evidently exerting considerable influence over the other versions that survive. Although a detailed reconstruction of the genetic descent of the *Visitatio Sepulchri* tradition in Poland would be difficult to produce, it appears that the cathedral in Kraków had a *Visitatio Sepulchri* by at least the thirteenth century, and that by the fifteenth and sixteenth, the

Visitatio Sepulchri had spread widely throughout the country and had reached even lowly parish churches. After the Council of Trent in 1568 the *Visitatio Sepulchri* tradition diminished. From Latin liturgical drama, Udalska turns to the evidence for more popular, vernacular mystery plays. There are a few traces of these in Poland from the fifteenth century, but it is not until the sixteenth that the first (and comparatively short) known text of a mystery play appears. Again it comes from Kraków, and was written *c.* 1580 by one Mikolaj de Wilkowiecko. Its action begins after Christ's burial and ends with his appearance to his disciples in the upper room (John 20:19-29) after the Resurrection. A set of instructions to would-be producers at the start of the play makes it clear that it was intended for performance, either in a church or churchyard, between Easter and the Ascension. A place-and-scaffold type theatre was to be used for staging it, and thirty-five actors, or twenty-one if parts were doubled, were needed to play it. Judging by its content, Mikolaj de Wilkowiecko had evidently already been acquainted with an existing dramatic tradition. His play enjoyed a long afterlife, and up to the end of the eighteenth century was widely redacted and printed in Poland. Finally, Udalska considers how the Polish mysteries metamorphosed through time, and how even today they continue to live on in certain popular seasonal traditions.

In sum, the essays of this collection add to our impression of the teaming fecundity and hybridism of early European drama, an impression that grows apace once we start to consider dramas situated "Between Folk and Liturgy". No one essay, except for Udalska's, deals with a drama existing purely at either end of this spectrum: for example, within this collection's scope, not even the most clerkly text, probably the Bodley *Burial and Resurrection* discussed by Meredith, is so thoroughly "liturgical" that it can be comfortably located among other dramas that more conventionally and appropriately deserve that description[4]; similarly, even the closest we come here to a pure "folk" drama, probably the King game discussed by Davis, was a pursuit oriented around official culture, a game whose oppositional stance was far less the serious threat of political dissent, the striking of a blow on behalf of some discrete, hegemonic "folk" culture within society at large, than a necessary theatrical posture. And perhaps the (productively unstable) centre ground is best represented here by the plays of Adam de la Halle. As pictured in the *Chansonnier d'Arras*, he sits within an historiated initial in a canopied niche, in clerical pose, wearing a tonsure, and in the throes of composition. Meanwhile, and as it might appear, beyond the pale of his literate learning, birds and beasts disport themselves, set apart in the margins, yet ever likely to beguile his attention. What better epitome might there be of the tension between cultures, sometimes real, sometimes illusory, but always creative, that characterizes so many artefacts of the Middle Ages?

Notes

* These papers are a selection of those presented at the third international meeting in Dublin in 1980 of the "Société Internationale pour l'Etude de Théâtre Médiéval". All have been revised and updated to take account of the most recent critical developments, except, necessarily, those of J. Charles Payen and Jean-Claude Aubailly who are no longer with us. It is a sure testimony to these two established scholars that the views they express here have continued to stand the test of time. Their eloquently turned contributions thus make a fitting memorial.

1 Jean-Claude Aubailly, 'Théâtre médiéval et fêtes calendaires, ou l'histoire d'une subversion', p. 59.

2 J. Charles Payen, 'Les éléments folkloriques dans le théâtre d'Adam de la Halle', p. 83.

3 E. Catherine Dunn, 'Clerics and Juglaría: A Study in Medieval Attitudes', p. 164.

4 As Meredith himself acknowledges; see '"The Bodley Burial and Resurrection": Late English Liturgical Drama?', p. 146

Sur la Notion de Théâtre Populaire Appliquée au Moyen Age

Konrad Schoell

Le problème du théâtre populaire s'insère dans la grande question controversée depuis le "Sturm und Drang" et le Romantisme, d'une culture populaire.[1] La découverte, par Herder et par les frères Grimm respectivement, du chant populaire (*Volkslied*) et du conte (*Volksmärchen*), tous les deux faisant partie de ce qu'on appelle "folklore" de nos jours, en sont les premières étapes. Il s'agissait à l'époque de collectionner et de trier les vestiges du patrimoine avec une forte tendance à la glorification de l'âme collective du peuple qu'on croyait responsable de ces productions littéraires. Beaucoup de dénominations de genres littéraires composées en allemand sur la base de "Volk" datent de cette époque et renvoient à l'idée de créations poétiques par le peuple lui-même: *Volksballade, Volksbuch, Volkserzählung*, etc. Et il en va de même ou à peu près en français avec l'épithète "populaire". L'anglais, lui, a des moyens lexicaux un peu plus clairs pour distinguer "folk-song" de "popular song"; mais le fait-on toujours? On parle bien de "popular poetry", "popular legend". Le théâtre, il est vrai, n'est pas au centre des préoccupations dans cet ordre d'idées et à l'époque nommée, et on ne parle pas autant de "théâtre populaire" à l'exception—mais combien importante!—de la *Commedia dell'arte*.[2] Mais celle-là, produit d'origine populaire, n'est sans doute pas en même temps un produit du moyen âge.

A l'autre bout de la gamme de la culture populaire, si l'on peut dire ainsi, et prenant le peuple comme destinataire, satisfaisant ses goûts supposés, se place une littérature "populaire" en ce sens qu'elle est accessible au "peuple" parce que dotée de peu d'ambition intellectuelle et esthétique. Elle s'étend, dans les temps modernes, de la littérature de colportage aux romans d'espionnage, à la bande dessinée et aux ciné-romans. La sociologie de la littérature a beaucoup contribué à éclaircir les mécanismes et les intentions de cette littérature[3] qui, de nos jours, est en parallèle avec les productions du cinéma et de la télévision. C'est déjà dire que le théâtre en tant que genre tend à y être remplacé par les *mass media*, mais on peut se demander dans quelle mesure l'opéra comique du dix-neuvième siècle[4], le théâtre populaire régional (*Volksstück*)[5], le théâtre de boulevard et le music hall remplissent les mêmes fonctions d'amusement et de délassement mêlé au plaisir du suspense.

Vers la fin du dix-neuvième siècle, sous des impulsions sociales et socialistes, la discussion de la culture populaire place l'accent de l'intention nettement sur l'autre moitié du couple horacien, le *docere*. Des bibliothèques pour le peuple sont installées (*Volksbücherei*), des organisations théâtrales créées (*Volksbühne*), pour permettre à la petite bourgeoisie et même aux ouvriers de prendre part à la littérature et au théâtre, compris tous les deux comme valeurs culturelles. Les "théâtres populaires" de Berlin à partir de 1890, ceux en banlieue et à Paris même, surtout celui de Gémier après la première guerre mondiale, de Copeau et encore de Vilar après la seconde guerre mondiale, sont un moyen culturel d'émancipation du peuple qui s'adresse à toutes les classes, même si l'ouverture sur les couches sociales défavorisées fait partie du programme.[6] Le naturalisme est quelque peu parrain de la naissance du mouvement, mais il y a peu de pièces écrites spécialement pour lui, si ce ne sont pas des adaptations de légendes régionales comme au théâtre du peuple de Bussang.[7] On y joue surtout le répertoire classique. Romain Rolland, de son côté, prophète français du théâtre populaire au début du siècle, tente de renouer avec le dix-huitième siècle et la Révolution.[8]

Une nouvelle conception du théâtre populaire est celle de Meyerhold, de Piscator, et malgré toutes les différences, de Brecht

18

et de ses adeptes.[9] Ce théâtre populaire est essentiellement théâtre engagé et politique. Il s'adresse plus particulièrement à la classe ouvrière chez un Piscator et chez le groupe Octobre[10], et il est moyen de combat politique chez tous les autres auteurs et animateurs qui suivent cette lignée qui mènera aux Français Adamov, Gatti, Planchon, à l'Italien Dario Fo et à beaucoup d'autres.[11]

Il est vrai qu'avec Benedetto, Augusto Boal et Gatti la conception de théâtre populaire a changé de nouveau. Le but de l'émancipation politique du peuple persiste, mais les moyens employés pour y parvenir changent: C'est par la contribution directe du "peuple", par l'activité théâtrale dans le travail théâtral collectif, que ces animateurs tâchent de créer une nouvelle forme de théâtre d'amateurs populaire (*Laienspiel*) qui avait sa plus grande attraction déjà en Allemagne après la première guerre mondiale avec des inspirations folkloriques et nationales. Mais l'intention émancipatoire d'un Boal, d'un Gatti donne naissance à des procédés tout à fait différentes.[12]

En brève rétrospective, nous pouvons résumer que le problème du théâtre populaire présenté assez souvent comme l'opposition entre un "théâtre pour le peuple" et un "théâtre par le peuple" se révèle dialectique: C'est à un théâtre pour le peuple conçu et joué par ses propres représentants qu'aboutit l'évolution.

Le résumé de l'évolution des conceptions de théâtre populaire peut rendre évident, en même temps, la difficulté de définir une forme abstraite et général de "théâtre populaire". La notion varie avec l'acception donnée au terme de "peuple" qui, déjà en langage courant, peut s'étendre de la nation entière à une des classes sociales. Et les sociologues interviennent pour nous prévenir qu'il est inexact, voire vide de sens, d'appliquer le terme de "peuple" à la société des dix-neuvième et vingtième siècles. Mais est-il beaucoup plus exact de l'employer pour la société de la fin du moyen âge?[13]

Conscients de cette difficulté profonde et du caractère problématique de toute interprétation en rétrospective, nous nous garderons bien de transposer simplement les distinctions modernes à l'époque médiévale. Il nous paraît utile cependant, et méthodiquement admissible, d'emprunter des définitions et des typologies à la discussion actuelle pour essayer de classifier le théâtre médiéval. Bien sûr, il faudra sans cesse recourir aux textes mêmes et aux faits historiques pour vérifier les définitions.

Il nous semble donc possible de distinguer méthodiquement quatre types de théâtre populaire dans la France du moyen âge[14]:

- Le théâtre populaire existe sous forme de simple spectacle para-littéraire dans les marchés et foires.
- Il y a la grande représentation d'un mystère intégrant la population entière.
- Le théâtre populaire peut être pur amusement d'un large public.
- Une fonction critique et politique peut être dégagée de certains genres ou plutôt de certaines pièces du théâtre médiéval.

On n'insistera jamais assez, après Bakhtine[15], sur le caractère ludique de la vie au moyen âge et à sa fin. Les tournois, représentations para-théâtrales de la chevalerie, n'ont rien de populaire, mais les fêtes, surtout de carnaval, et les foires comportent aussi beaucoup de manifestations para-théâtrales, spectacles hautement populaires. On distinguera pourtant d'une part les présentations de montreurs d'ours, d'acrobates et de camelots, et d'autre part la représentation de "rôles" dans les ébauches de théâtre comme *Le dit de l'herberie* de Rutebeuf. Dans l'ensemble, les manifestations qui avaient lieu au cours des fêtes et des foires et qu'appréciait sans doute un public populaire dans le sens le plus large, toute la population de la ville et de la campagne environnante, correspondraient à un spectacle de cirque ou de music-hall modernes et ne se rapprocheraient de la littérature que comme une des sources possibles du théâtre proprement dit. Mais nous reviendrons à des représentations de théâtre sous forme de sottie, de farce ou de moralité, et assez souvent de spectacle composé de plusieurs de ces genres, qui ont lieu, elles aussi, sur les marchés ou places publiques et pour toute la population sans distinction sociale.

Les spectacles les plus populaires dans le sens que le Romantisme avait attribué au terme pouvaient être les représentations des grands mystères, nous en convenons avec Arnold Hauser.[16] La double définition "pour le peuple" et "par le peuple" s'applique le mieux à ce théâtre à intention religieuse, même si on en connaît souvent des auteurs individuels, même si d'après Elie Konigson les places pour le public étaient relativement chères.[17] C'est le gros de la population de la ville, mais sous l'égide des corporations, bien sûr, qui contribue à ce théâtre en tant qu'acteurs et spectateurs en même temps. L'intention d'une telle représentation est de constituer et d'affirmer la communauté tout en affirmant la foi commune. C'est pour une raison semblable sans doute que les Révolutionnaires ont inventé un grand spectacle à structure comparable, mais à sujets différents évidemment, dans les Fêtes révolutionnaires.[18] Dans les deux cas—et sans doute dans le cas de maints autres festivals traditionnels—l'intention exige qu'aucun groupe social appartenant à la communauté soit exclu, que les disputes et rivalités, voire les grands conflits sociaux soient oubliés ou plutôt sublimés dans l'émulation pour la réussite de la fête commune. Sans parler de la confirmation de la foi commune comme soumission implicite aux dogmes de l'Eglise, c'est ici qu'on peut entrevoir dans son caractère populaire même, la fonction pacificatrice et conservatrice d'un tel théâtre.

A l'opposé d'un tel spectacle pour la population entière se placerait un théâtre destiné à un public exclusif, un théâtre élitaire. En dehors du *Jeu de Robin et Marion* nous ne connaissons que très peu de pièces conçues pour une représentation à la cour avant la Renaissance italienne.[19] Mais on peut également qualifier d'élitaires les représentations (si elles ont eu lieu) de comédies latines dans les monastères et dans les écoles, ainsi que les rares pièces de théâtre érudit de la fin du moyen âge.[20]

Les grands genres du théâtre profane du moyen âge français, la moralité, la sottie et la farce, se partagent les fonctions d'amusement et de critique sociale.[21] La difficulté insurmontable de savoir quel était le public particulier d'une pièce ou d'un genre à une époque donnée nous a mené dans nos recherches à dégager l'image du public auquel s'adressent les textes, et l'appréciation implicite des différentes couches sociales. Ceci ne peut se faire que pour des textes particuliers et en analyse très précise, et finit par nous amener à la conclusion qu'un genre comme la sottie ou la farce peut servir des intentions différentes ou même contradictoires.[22]

Les trois genres nommés peuvent remplir la fonction d'amusement, et ceci dans des mélanges qui diffèrent d'un genre à l'autre, mais aussi d'une pièce à l'autre dans le même genre. De par ses intentions principales la moralité religieuse ou profane n'est certainement pas un genre du théâtre populaire compris comme distraction pure et simple. Puisque le public de la fin du moyen âge est habitué à la représentation allégorique dans tous les arts, ce ne sont pas ces mêmes procédés dans la moralité qui s'opposeraient forcément à une classification du genre parmi le théâtre populaire d'amusement, mais c'est son intention principale d'une instruction religieuse ou morale. Seul un public très sophistiqué et sceptique et non pas le public populaire de l'époque, pourrait faire abstraction du "déjà vu" de la morale et s'amuser librement à la représentation des scènes de rosserie ou de tribunal comique comme dans *La condamnation de Banquet* de Nicolas de la Chesnaye.

La sottie, elle aussi, n'est pur amusement que rarement et dans ses exemplaires les plus simples qu'on nommera avec Jean-Claude Aubailly des "sotties-parades".[23] On n'y trouve que des jeux verbaux (menus propos) entremêlés sans doute de "sauts". Ailleurs, le caractère satirique prévaut qui, lui, peut venir d'une intention plus morale ou d'une intention plus critique. La difficulté d'une attribution de la sottie au théâtre populaire vient surtout du fait qu'elle est à ses débuts, et restera à un certain point, principalement le spectacle d'un groupe restreint, la Basoche ou la société joyeuse[24] qui se composent probablement de membres des classes aisées seulement.

Il est évident par contre, et tout le monde s'accorde sur le fait que la farce est très souvent théâtre de pur amusement. Tant de farces conjugales, de farces de badins (*L'obstination des femmes, Mahuet badin natif de Bagnolet*) ont surtout la fonction d'amuser le grand public, la population entière de la ville (et pourquoi pas le seigneur lui-aussi?) par la représentation des niaiseries de badins[25] ou des ruses de gens comme eux. Si l'on peut juger par les "conditions" les plus constamment raillés, il semble pourtant que de cette collectivité de rieurs soient souvent exclus les femmes[26] et les paysans.[27] Si morale il y a, c'est la morale du débrouillard et du rusé. Toute proportion gardée, la farce se rapproche assez de la comédie de boulevard.

Les trois grands genres du théâtre profane peuvent servir aussi, et en fait servent assez souvent à transmettre des intentions plus critiques. Dans les moralités nous trouvons les personnifications du "Commun", du "Menu Peuple" ou de la "Pauvreté" qui prononcent leurs plaintes et leurs accusations contre les autres états: "Eglise" et "Noblesse". La juxtaposition des personnages montre de façon assez nette qu'il s'agit dans le cas de "Peuple", "Commun" etc. de représentants du Tiers Etat dans son ensemble en opposition avec les deux premiers, et—plus rarement—du Tiers de la ville en opposition aussi à la paysannerie (*Le Ministre de l'Eglise, Noblesse, Labeur et le Commun*). Les revendications qui s'y expriment ne tiennent donc pas grand compte des différences d'intérêt entre bourgeois et menu peuple. Il est vrai d'ailleurs qu'assez souvent la fin de la moralité se contente de démontrer l'équivalence ou même la supériorité du peuple sur le plan purement idéologique (*Pauvre Peuple*[28]), ou bien elle ramène le peuple à une attitude de résignation (*L'Eglise, Noblesse et Pauvreté qui font la lessive*).

D'après la thèse de Jean-Claude Aubailly, la sottie est le genre satirique par excellence, théâtre engagé, théâtre contestataire.[29] Il fait donc, lui aussi, le rapprochement avec une forme de théâtre populaire contemporain. Nous ne répéterons pas ici son développement—convaincant par ses exemples—pour affirmer le caractère satirique de maintes sotties, et des meilleurs exemplaires du genre. La sottie est donc la mise en accusation de tout un régime, avec le rôle de sot comme censeur public. D'un point de vue moral les accusations passent souvent au plan social et proprement politique (André de la Vigne, *Sottise à huit personnages*). La sottie peut donc être théâtre politique, de contestation, mais aussi de propagande comme chez Pierre Gringore (*Le jeu du prince des sots*).

Il est pourtant malaisé de faire entrer le genre de la sottie dans le domaine du théâtre populaire dans le sens rendu commun parmi nos contemporains par les Piscator et Brecht, tant elle est stylisée et tant ses moyens d'expression sont indirects. Ce théâtre de combat est destiné à l'esprit (toujours selon Aubailly), et ce qui fait sa force auprès des clercs et autres bourgeois cultivés rend difficile la réception de son message par un public illettré. Le peuple de la ville, et à plus forte raison encore celui de la campagne, les compagnons, les journaliers et les laboureurs étaient-ils capables de comprendre les allusions et d'en tirer des conclusions?

Là encore, la farce est très différente. Son réalisme, démontré par à peu près tous les critiques et chercheurs, bien que parfois jugé trivial, la rend compréhensible pour toute la population.[30] Ses personnages sont des personnages de tous les jours et de l'entourage immédiat du spectateur urbain. Ses conflits sont des conflits que tout le monde a pu ou pourrait vivre à cette époque, présentant la vie en commun et ses difficultés aussi bien que des angoisses communes. Mais la farce est théâtre populaire comique, et conflits et angoisses y sont représentés par le biais du jeu. Ce n'est pas simplement un reflet de la réalité, mais son réarrangement dans une structure à effet.[31] Il reste à dire que les critiques ne sont pas tout à fait d'accord sur la question du professionnalisme des acteurs de farce, qu'il est donc permis d'imaginer des amateurs jouant les farces.[32] Dans ce sens cela pourrait être un théâtre par le peuple aussi, bien qu'il soit incontestable, d'autre part, que les auteurs ne sont pas "le peuple"—et surtout pas le peuple en tant que collectivité—mais des gens de métier.

La farce est donc représentation de la vie de la foule urbaine et des types de la foule pour un public composé de la même foule. Le public qui s'y reflète, ce n'est certes pas seulement, et même pas principalement le peuple pris comme les couches sociales déshéritées, mais ce n'est pas non plus, loin de là, la population entière dont on donnerait une image neutre. La farce est destinée au peuple au moins dans une acception du terme de "peuple" qui réunit la bourgeoisie et le menu peuple des villes, le Tiers Etat de l'époque qui, à vrai dire, n'est pas très facilement divisible.[33]

L'intention de la grande majorité des farces, nous l'admettons encore une fois, doit être considérée comme étant surtout le rire, l'amusement. Pourtant l'intention satirique et critique se rencontre dans beaucoup de farces. La satire n'y est peut-être ni aussi générale, ni aussi individuelle que dans la sottie qui met en scène ou bien le Monde ou bien le ministre Georges d'Amboise. La satire dans les farces est satire de certains états et de certaines professions. Mais en est-elle moins virulente? Le seigneur du village, le curé, le meunier y sont critiqués dans leurs comportements antisociaux et contraires aux intérêts du "peuple". Bien sûr, à peu près toutes les professions y passent, et il serait en effet difficile de trouver dans le répertoire entier des farces un groupe social entièrement exempt de la satire. Ce n'est pas notre intention de parler statistique dans un domaine où l'existence d'un nombre de textes, infime par rapport à ce qui a pu être joué, est due au pur hasard. Nous voudrions seulement souligner que la farce, genre bourgeois et populaire, peut être un genre satirique. Dans ce cas, elle devient donc "populaire" dans le sens d'une prise de conscience de la condition du peuple et d'une revanche par le moyen du jeu. Les exemples dont il faudrait parler sont notamment *Le poulailler à six personnages* et *Le gentilhomme, Naudet, Lison*. C'est dans la seconde, plus complexe, qu'on peut le mieux dégager une structure de retournement de la situation comme résultat d'un conflit entre personnages de différentes catégories sociales. C'est une puissante contestation des privilèges. Nous ne parlerons pas ici de *Maître Pierre Pathelin* avec sa hiérarchie de la ruse qui est en contraste marquant avec la hiérarchie sociale.[34] Mais nous concluerons avec quelques mots sur la farce *Le couturier et Esopet* qui est un bon exemple un peu moins connu de la farce en tant que théâtre populaire critique. L'apprenti Esopet y prend sa revanche sur son maître par une intrigue comique. Par-delà l'acte concret, nous y voyons la lutte que mène un subordonné contre l'arbitraire de cette subordination.

Le mystère est un spectacle, souvent joué par la foule, et destiné à elle pour la confirmer dans la foi et pour affirmer la communauté.[35] La moralité garde toujours son intention d'une instruction, mais elle peut servir à exprimer les plaintes du Tiers Etat. La sottie, elle, dépassant le jeu verbal devient critique morale et satire politique, mais à expression peut-être trop métaphorique pour arriver à l'entendement du peuple. La farce est populaire par son caractère réaliste et direct. Dans les cas où les sujets traités sont des conflits sociaux, elle prend position pour le bourgeois et le menu peuple et devient, elle aussi, théâtre pour le Tiers Etat, un théâtre qui défend son intérêt contre les autres états. Chaque genre en lui-même, et encore davantage une représentation complexe composée de pièces de plusieurs genres, peut servir à des buts différents, mais entre l'instruction et la distraction un théâtre populaire peut être entrevu qui aide le peuple à prendre conscience de sa position.

Notes

1 Le texte qui suit est celui de ma communication de Dublin avec peu d'ajouts, surtout dans les notes. Il s'est trouvé impossible de le remanier sans en faire un article entièrement neuf. On ne s'étonnera pas d'autre part, que cette communication ait été intégrée entre temps dans le dernier chapitre de mon livre *La farce du quinzième siècle*, Tübingen, 1992.

2 De nos jours, l'idée de l'origine populaire de la *Commedia dell'arte* est défendu le plus vigoureusement par A. K. Dzivelegov; voir A. K. Dshiwelegow, *Commedia dell'arte: Die italienische Volkskomödie* (trad. allemande du russe), Berlin, 1958. Il ne semble pas, par contre, que le dix-neuvième siècle allemand qui a produit la collection des jeux de carnaval (*Fastnachtspiele*) de A. von Keller, se soit beaucoup soucié de ses possibles origines populaires; *cf.* Eckehard Catholy, *Fastnachtspiel*, Stuttgart, 1996.

3   De la masse des ouvrages sur le roman "populaire", le roman feuilleton, le
    roman de colportage, je ne citerai ici que le livre très documenté de Ru-
    dolf Schenda, *Volk ohne Buch: Studien zur Sozialgeschichte der popu-
    lären Lesestoffe, 1770-1910*, Frankfurt a. Main, 1970.
4   Au sujet de l'opéra comique et du théâtre de boulevard, voir Volker Klotz,
    Bürgerliches Lachtheater: Komödie, Posse, Schwank, Operette, Mün-
    chen, 1980.
5   La présentation la plus complète du théâtre populaire du point de vue
    ethnologue se trouve dans Léopold Schmidt [éd.], *Le théâtre populaire
    européen*, Paris, 1965.
6   Voir l'histoire du théâtre populaire moderne présentée par Emile Copfer-
    mann, *Le théâtre populaire pourquoi?*, Paris, 1969[2]; par Jean Poulet,
    'Introduction au théâtre populaire', *La nouvelle critique* 65 (1973), pp.
    25-34; par R. White, 'A Chronology of People's Theatre since 1870',
    Theatre Quarterly 6 (1976), p. 12-23 (avec des documents historiques;
    le cahier n° 23 entier est intéressant pour notre sujet, puisqu'il concerne
    divers aspects du théâtre populaire (moderne); par David Bradby et John
    McCormick, *People's Theatre*, London, 1978. Pour une introduction
    théorique et un certain nombre d'analyses voir K. Schoell [éd.], *Avant-
    gardetheater und Volkstheater: Studien zu Drama und Theater des 20.
    Jahrhunderts in der Romania*, Frankfurt am Main, [etc.], 1982.
7   Voir Claude Foucard, 'Le Théâtre du Peuple à Bussang', Schoell [éd.],
    Avantgardetheater, pp. 38-53.
8   Romain Rolland, *Le théâtre du peuple: Essai d'esthétique d'un théâtre
    nouveau*, Paris, 1903; *cf.* D. J. Fisher, 'Romain Rolland and the French
    People's Theatre', *The Drama Review* 21 (1977), pp. 75-90.
9   Sur ces différences on peut comparer l'article cité de Poulet, mais aussi J.
    Fiebach, 'Die Herausbildung von E. Piscators "politischem Theater"
    1924/25', *Weimarer Beiträge* 13 (1967), pp. 179-227. Pour l'histoire du
    théâtre populaire de langue allemande voir J. Hein, 'Formen des Volks-
    theaters im 19. und 20. Jahrhundert', W. Hinck [éd.], *Handbuch des
    deutschen Dramas*, Düsseldorf, 1980, pp. 489-505 et 581-584.
10 L'intention du groupe Octobre est analysée par Susan Spitzer, 'Agitprop
    à la Française: the Groupe Octobre, 1932–1936', *Theatre Quarterly* 8
    (1978), pp. 42-52.
11 Une typologie détaillée du théâtre populaire moderne se trouve dans l'ar-
    ticle de Chr. Campos, 'Seven Types of Popular Theatre', *Theatre Quar-
    terly* 6 (1976), pp. 3-10. Cette typologie qui se fonde sur l'évolution en
    France tient surtout compte des intentions des metteurs-en-scène et de
    l'organisation théâtrale (par exemple la décentralisation).
12 Pour Boal, voir K. Pörtl, 'Revolution und Untergang im lateinamerikani-

schen Gegenwartstheater: Boals Theater der Befreiung und Wolffs Theater der Angst', *Iberoamericana* 3 (1979), pp. 23-43; pour Gatti, voir David Bradby, *Modern French Drama 1940–1980*, Cambridge, 1984.

13 Cf. R. Fossier, *Histoire sociale de l'Occident médiéval*, [Paris], 1970, p. 250 sqq., qui distingue une demi-douzaine de classes sociales dans les villes médiévales.

14 Ma position dans ce qui suit se distingue surtout de celle de Halina Lewicka, 'La farce médiévale était-elle un genre populaire?', André Gendre, Charles-Théodore Gossen et Georges Straka [éds.], *Mélanges d'études romanes du Moyen Age et de la Renaissance offerts à Jean Rychner*, Strasbourg, 1978, pp. 335-41. Halina Lewicka, il est vrai, part de définitions de "théâtre populaire" quelque peu différentes, pour conclure (je ne cite que les points controversés) que la farce ne présente pas le point de vue du peuple (parce que le peuple lui-aussi est souvent dépeint de façon satirique) et qu'elle n'est pas particulièrement destinée au peuple non plus (parce que son comique quelquefois exige une certaine culture).

15 Mikhaïl Bakhtine, *L'œuvre de François Rabelais et la culture populaire au Moyen Age et sous la Renaissance*, [Paris], 1970.

16 Arnold Hauser, *Sozialgeschichte der Kunst und Literatur*, München, 1969^2, p. 274. Nos connaissances des mystères se trouvent en outre changées par l'apport du manuscrit de Wolfenbüttel qu'Alan Knight est en train d'éditer. Voir par exemple son article 'Professional Theater in Lille in the Fifteenth Century', Jean-Claude Aubailly et Edelgard E. DuBruck [éds.], *Le théâtre et la Cité dans l'Europe médiévale*, Stuttgart, 1988, pp. 347-58.

17 Elie Konigson, *L'espace théâtral médiéval*, Paris, 1975. Dans la discussion suivant la présente communication à Dublin plusieurs collègues ont souligné cette question du public selon l'étude de Konigson. Il me paraît évident, à moi aussi, que les marginaux, mendiants, vagabonds, etc. ne prenaient pas part à la représentation. Quant au petit peuple des compagnons et apprentis, je n'en suis pas du tout sûr.

18 *Cf.* Mona Ozouf, *La fête révolutionnaire, 1789–1799.* [Paris], 1976.

19 Pour l'interprétation du *Jeu de Robin et Marion* voir mon livre *Das komische Theater des französischen Mittelalters: Wirklichkeit und Spiel*, München, 1975, et pour le théâtre courtois italien, mon article 'Liebe, List und Gewalt in der pastoralen Dichtung: Drama und Gesellschaft bei Tasso und Guarini', *Romanistische Zeitschrift für Literaturgeschichte/Cahiers d'Histoire des Littératures Romanes* 4 (1980), pp. 182-98.

20 Voir le chapitre X de mon livre *La farce du quinzième siècle*, et mon article 'Le théâtre historique au XVème siècle', Michel Bitot, Roberta Mullini et Peter Happé [éds.], *"Divers Toyes Mengled": Essays on*

    Medieval and Renaissance Culture in honour of André Lascombes. Tours, 1996, pp. 189-96.

21 Les définitions et distinctions les plus pertinentes entre ces genres se trouvent dans le livre d'Alan E. Knight, *Aspects of Genre in Late Medieval French Drama*, Manchester, 1983.

22 Je m'accorde donc pour essentiel avec la conclusion de l'article cité de Halina Lewicka, 'La farce médiévale', p. 341: 'Pas plus que tout autre genre la farce ne peut être assignée à une classe, voire à une seule couche sociale'.

23 Jean-Claude Aubailly, *Le théâtre médiéval: profane et comique*, Paris, 1975, p. 164 sqq.

24 Après Howard G. Harvey, *The Theatre of the Basoche*, Cambridge (Mass.), 1941, c'est surtout Barbara Goth, *Untersuchungen zur Gattungsgeschichte der Sottie*, München, 1967, qui a relevé les rapports durables de la sottie avec la société joyeuse.

25 Dans *Le personnage du naïf dans le théâtre comique du moyen âge à Marivaux*, Paris, 1979, Charles Mazouer a étudié le rôle du badin dans son évolution. Voir aussi Jean-Claude Aubailly, 'A propos du badin: théâtre et mythologie populaire', dans *Tréteaux* 4 (1982), pp. 5-14.

26 Dans le chapitre VIII de mon livre *La farce du quinzième siècle*, qui reprend une communication de 1977, j'ai essayé de démontrer même un point de vue libérateur pour les femmes dans deux farces du *Recueil Cohen*, ce qui supposerait bien sûr la présence de femmes dans le public.

27 Il est évidemment difficile de distinguer exactement la population urbaine de celle de la campagne, mais le paysan a assez souvent le rôle du ridicule. On peut même penser au conflit avec les paysans montré dans le premier jeu de carnaval allemand (*Neidhartsspiel*). *Cf.* les comparaisons dans le chapitre II de *La farce du quinzième siècle*.

28 *Cf.* l'édition de Werner Helmich, 'Moralité de Pouvre Peuple', *Philologica Romanica, Erhard Lommatzsch gewidmet*, München, 1975, pp. 145-243.

29 Jean-Claude Aubailly, *Le monologue, le dialogue et la sottie: Essai sur quelques genres dramatiques de la fin du moyen âge et du début du XVIe siècle*, Paris, 1975.

30 Sur la question du réalisme dans le théâtre comique voir le chapitre théorique dans mon livre *Das komische Theater des französischen Mittelalters*.

31 C'est cet aspect que souligne Bernadette Rey-Flaud dans son étude importante *La farce ou la machine à rire: Théorie d'un genre dramatique, 1450–1550*, Genève, 1984.

32 C'est surtout Gustave Cohen qui a soutenu la thèse du professionnalisme

des farceurs; voir: 'Les Grands Farceurs du XVe siècle' dans ses *Etudes d'histoire du théâtre en France au moyen-âge et à la Renaissance*, Paris, 1956, pp. 245-60.

33 Dans son article 'Le sang, la viande et le bâton (Gens du peuple dans les farces et les mystères des XVe et XVIe siècles', Elie Konigson [éd.], *Figures théâtrales du peuple*, Paris, 1985, pp. 29-47, Bernard Faivre en vient à conclure, de l'image négative du peuple, que les préoccupations populaires s'y expriment 'sans doute telles que les voyait (et les déformait) le regard d'autres couches sociales' (note 108).

34 Mon analyse des personnages et des conflits dans *Maître Pathelin* paraîtra sous le titre 'Commerçants et paysans: Les personnages en opposition', Michel Rousse et D. Smith [éds.], *Pathelin en scène* [sous presse].

35 Pour ces distinctions, voir aussi l'article judicieux de Michel Rousse, 'Mystères et farces à la fin du moyen âge', J. C. Roberti [éd.], *Le théâtre populaire: Situations historiques*, Rennes, [1980], pp. 4-17.

Théâtre Médiéval et Fêtes Calendaires ou l'Histoire d'une Subversion

Jean-Claude Aubailly

I

On a souvent dit et écrit que le théâtre profane qui prend un brusque et rapide essor à la fin du quinzième siècle et au début du seizième, surtout en ce qui concerne la farce et la sottie, était un théâtre "populaire". Mais que faut-il entendre par là? Une telle caractérisation renvoie-t-elle au mode d'élaboration (et au milieu des *facteurs*), à la destination des pièces ou au contexte de leurs représentations? Faute de documents sur la réception par le public lui-même, le meilleur argument en faveur du caractère populaire de ce théâtre serait sans aucun doute la coïncidence de ses représentations avec les grands cycles de festivités populaires calendaires et son adéquation à leur esprit. (Car sans cette adéquation, la fiction populaire peut n'être qu'une simple subversion.) Pour résoudre ce problème et tirer les conclusions qu'il implique, nous nous sommes livrés à une enquête sur les farces et les sotties en relevant toutes les datations permettant de localiser les représentations lors d'un cycle déterminé, toute allusion renvoyant à une ou plusieurs coutumes festives, toute structure ou canevas ayant une analogie avec les comportements folkloriques et les jeux propres à l'un des cycles en question. Bien entendu, nous avons exclu de cette enquête toutes les pièces se rapportant à des festivités familiales comme les *farces de nopces* dont parle Malostru dans la *Sottie des coppieurs et des lardeurs*, pièces d'ailleurs fort peu nombreuses et dont le caractère populaire ne peut être mis en doute.[1] Avouons tout de suite que, compte tenu de l'importance du corpus considéré, le résultat de notre enquête a été maigre: si de nombreuses pièces font allusion à un contexte de fête[2], elles restent souvent des plus vagues à ce propos; de plus, elles sont rarement "pures" (surtout les farces) et semblent avoir été réadaptées au contexte local et temporel de la fête par la simple adjonction d'une ou deux allusions actualisantes. Il n'en reste pas moins qu'elles peuvent alors, par leur contenu jugé adéquat à l'esprit de la fête, donner une idée de l'orientation de la liesse populaire. Mais, d'autre part, comment être alors certain qu'il ne s'agit pas d'une récupération de la fête par le théâtre ce qui remettrait en question leur caractère populaire? En la matière la nuance s'impose.[3] Quoi qu'il en soit, nous allons ici rendre compte de notre enquête—et des réflexions qu'elle a suscitées—en suivant les cycles tels qu'ils ont été définis par Van Gennep dans son *Manuel de Folklore*: cycle de Douze Jours, cycle de Carnaval et Carême, cycle de Pâques, cycle de mai, cycle de la Saint-Jean.[4]

Lors de ces divers cycles, fêtes religieuses, fêtes civiques, fêtes de la jeunesse, fêtes de l'abondance, pour reprendre la distinction de Yves-Marie Berce[5], se confondent souvent, ajoutant les unes aux autres leurs caractéristiques respectives. La fête y est globalement sentie comme un *hors-temps* où l'individu libéré des contraintes du quotidien, n'obéit plus qu'aux pulsions instinctives qui ressuscitent les coutumes mythiques de la race.

Nous commencerons arbitrairement par le cycle des Douze Jours. Arbitrairement, car il faut rappeler qu'avant la seconde moitié du seizième siècle, et plus précisément avant l'édit de Charles IX qui, en 1564, la fixe au 1er janvier[6], la date officielle du début de l'année est fluctuante: si elle semble généralement se porter sur Noël (naissance du Christ), en certaines régions elle reste encore fixée au 1er avril[7] (naissance du printemps et renouveau). Or cela n'est pas sans importance car si toute fête marque une *rupture* dans l'écoulement du temps, celle-ci plus que toute autre (même si l'on dissocie rupture *organique* et rupture *administrative* pour protéger celle-ci de celle-là): elle est, surtout dans le monde en crise de la pré-Renaissance, rupture avec le passé et ouverture sur l'avenir, inversion du temps et re-naissance.

32

II

Le cycle des Douze Jours, cycle des "libertés de décembre", qui commence généralement le 25ème décembre, jour de Noël (mais parfois le 6ème décembre avec la Saint Nicolas) pour s'arrêter après l'Epiphanie, le 6ème janvier, forme comme une sorte d'isolat utopique: dans le décompte ancien, ces douze jours étaient mis à part et destinés à rattraper le retard de l'année lunaire sur l'année solaire. Les festivités propres à ce cycle, qui se déroulent pendant une période d'arrêt des travaux agraires, semblent se répartir entre deux pôles: religieux d'abord avec Noël (le 25ème décembre), la Saint-Etienne (le 26ème décembre) et la Saint-Jean l'Evangéliste (le 27ème décembre), puis profane et débridé entre la Saint-Innocents (le 28ème décembre) et l'Epiphanie. Si, d'après Van Gennep, les manifestations festives les plus courantes du cycle consistent en des tournées de quête effectuées par les associations de jeunesse ou les corporations, en des feux et des bûchers et, plus récemment en des personnifications du cycle (Saint Nicolas, Saint Martin, le Père Noël), il faut aussi rappeler, avec Léopold Schmidt[8] que le début du cycle était marqué dans toute l'Europe et ce, dès avant le quinzième siècle, par les *jeux de paradis* retraçant la création du monde (Autriche) et par des *processions* faisant revivre l'adoration des rois mages et des bergers (Hongrie, Slovaquie, Pologne) et que la fin du cycle laissait éclater la joie populaire lors de la *fête des fous* qui, le jour de la Saint-Innocents, effectuait le renversement de la hiérarchie dans l'église avant de la promouvoir et de la généraliser dans la rue, marquant ainsi le début d'une période de liesse et de festins qui trouvait son apothéose pendant la fête bachique de l'Epiphanie lors de laquelle le roi de la fève (trouvée dans la fameuse galette) dirigeait les libations aux cris de 'le roi boit'. Van Gennep précise d'ailleurs que lors des tournées de quête du jour de la Saint-Innocents, les quêteurs étaient souvent costumés, avaient le visage noirci et jouaient les niais.

Qu'en est-il de tout cela dans nos pièces? A vrai dire, il en est peu dont on puisse assurer qu'elles ont été représentées lors de ce cycle de festivités. En effet, si certaines font allusion à des banquets ou des tournées de quête comme la *Folie des gorriers*:

le 1er:	Bastard!	
le 2nd:		Barbier!
le 1er:		Ou sont ces paiges?
	Se je metz la main sur leur testes	
	Je croy ...	
le 2nd:		Par ma foy, *aux villaiges*
	Pour quérir poulles et formaiges	
	Et du foing pour passer ces festes.	

il en est peu qui localisent temporellement ces fêtes, excepté, peut-être, la première pièce du recueil de Florence, la *Sottie de troys gallans et Phlippot* du recueil La Vallière et la *Sottie pour porter des présents a la feste des rois* du recueil Trepperel. La première, qui est aussi une sottie, s'ouvre sur le *cri* du Prince qui appelle ses sots à *folloyer* en déclarant: 'Vecy l'an des merveilles', à quoi répond en écho le second sot: 'N'est il pas aujourd'huy la feste que nous devons tous folloyer'. De là à en induire qu'il s'agit de la fête des fous, il n'y a qu'un pas. Dans la seconde, deux *gallans* déclarent d'entrée, en parlant de Phlippot:

> C'est un innocent.
> Se le Roy Herodes le sent
> Y lui fera couper la teste.
> Y fault solenniser sa feste.

Ce qui permet de rattacher cette pièce à la même fête. Quant à la troisième, elle ne se localise que par son titre et, de plus, le lieu de sa représentation que l'on peut déduire des répliques des sots ('Je suis en une salle', 'Je suis donc en ung *parlement*') la destine à l'usage interne des clercs de la basoche. Son caractère politique ne fait aucun doute; elle ne fait qu'utiliser le contexte festif du moment pour faire passer son message à travers une parodie du mystère des Rois représenté habituellement pour l'Epiphanie.[9] Elle témoigne en un lieu clos de la récupération de la fête à des fins de communication subversive. Or cette récupération se produit aussi dans la rue comme en témoigne la première pièce du recueil de Florence qui, après les précautions d'usage rappelant l'immunité que confère au fol la coutume festive, glisse des attaques générales contre 'L'Estat et le train de la court' avant de verser dans une coutumière obscénité et d'appeler aux traditionnelles libations. Et cette récupération de la fête est peut-être encore plus patente et plus insidieuse à la fois dans la 'sottie-farce'[10] de *Troys gallans et Phlippot* bâtie autour du personnage que célébrait la fin du cycle, le niais-innocent.

Personnage-clé du cycle: la *Farce de Jeninot qui fist un roi de son chat* en témoigne. Son personnage central, Jeninot, que son incompréhension des conventions du langage désigne comme un descendant du 'benêt mis aux écoles'[11], est un valet niais qui cherche à louer ses services. Or l'intrigue comporte une péripétie qui ne prend tout son sel comique que dans le contexte de l'Epiphanie (ce qui localise temporellement sa représentation): lorsque ses nouveaux maîtres partent dîner dehors en lui confiant la garde de la maison, Jeninot leur demande un 'gasteau' pour faire 'ung roy nouveau ... a ce soir pour me rigoller'. On le lui accorde; il part acheter le dit gâteau, revient et le partage en parts égales entre lui et son chat en regardant 'auquel c'est qu'est la fève'. Or c'est le chat qui l'a: Jeninot le fait donc boire en criant à sa place, selon la coutume, 'le roy boit!' Et comme le chat ne peut pas 'payer la royauté', Jeninot l'en tient quite. Facétie en fait grinçante car, à l'arrière plan, elle remet en question la notion même de hiérarchie au niveau de la création. Or ce niais, héros du jour, que son incompréhension des codes sociaux libère, est souvent capable, on le sait, de rêves prémonitoires burlesques comme Jenin (nom prédisposé) dans la *Farce de Me Jehan Jenyn vrai prophète*[12] ou d'intuitions profondes et éclatantes de vérité comme le fils de la *Farce de la bouteille*.[13] Si l'on ajoute à cela le fait que selon l'acception populaire du verset de l'Ecriture, ce niais possède le faculté de visiter le Paradis ou l'Enfer et d'en rapporter ce qu'il y a vu (c'est ce qui se produit respectivement dans les farces de *La Resurrection Jenin Landore*[14] et de *La Resurrection Jenin a Paul-*

me[15], pièces que le motif de la résurrection, qu'elles exploitent dans un esprit critique de dégradation comique par l'utopie burlesque, rendait particulièrement adéquates à une représentation lors de ce moment du calendrier où la vieille année enterrée, renaît une année nouvelle porteuse de tous les espoirs déçus. Rapellons d'ailleurs, avec Léopold Schmidt, que les jeux-résurrection font partie du folklore européen: dans nos farces c'est l'esprit même du jeu qui est 'récupéré'; la résurrection suppose le passage initiatique par la connaissance[16]) on comprendra mieux les possibilités de récupération de la fête populaire qu'ouvrait ce personnage folklorique. Les farces-résurrection en témoignent, qui, bien que représentées dans un contexte de fête comme incite à le croire la réplique de Caillette à Toynon: 'Il nous donra a boire du vin ‖ A la feste, feste, feste!', trahissent par leur ton, leurs allusions, leurs préoccupations, leur origine scolaire et leur finalité subversive.

Mais si le doute subsiste encore quant à la localisation temporelle des représentations de ces dernières farces, il n'est pas permis, nous l'avons dit, pour la 'sottie-farce' de *Troys gallans et Phlippot* construite autour du personnage du niais que les facéties dirigées des sots amènent à souligner avec une franchise naïve et sans fard, les contradictions critiquables du monde quotidien. Dès lors on peut à bon droit émettre l'hypothèse que des pièces comme la *Farce de troys galans et un badin*[17], la *Farce nouvelle des cris de Paris*[18] et la *Farce moralisée des Sobres Sotz*[19] qui présentent la même structure (le niais sous l'impulsion des sots propose comme remède aux malheurs du temps les normes d'un utopique pays de Cocagne issu du vieux fond folklorique, qu'il actualise socialement) appartiennent au même contexte festif.[20] Le rire débridé de la fête est récupéré et orienté (d'ailleurs intituler *farce* ce qui est *sottie* souligne le fait); ses résonnances ultimes débouchent sur la prise de conscience alors même qu'il s'éteint; le type comique festif ne fait plus rire par lui-même, comme dans la *Farce de Jeninot*; c'est maintenant l'allure paradoxale de ses propos qui, passant au premier plan suscite un rire de découverte d'une vérité dégagée du voile de la convention.[21]

En fait, donc, si le cycle des Douze Jours est marqué par des représentations dramatiques qui s'intègrent aux festivités et méritent de ce fait, par un certain côté, le caractérisation de "populaires", il n'en reste pas moins que ces dernières opèrent un véritable détournement de la fête en réalisant la fusion d'un type né de la fête des fous avec le motif du dérisoire et utopique pays de Cocagne qui relève de la coutume folklorique de 'etrennes' et souhaits de nouvel an. Cette fusion qui confie l'utopie à la bouche du niais-innocent en fait éclater la vérité dénonciatrice et donne ainsi une autre dimension à la fête. On pourrait évidemment penser que c'est là une caractéristique propre à ce cycle de festivités. Qu'en est-il maintenant dans les autres cycles?

III

De tous les cycles, celui de Carnaval-Carême, qui marque la fin de l'hiver, est de loin le plus important tant par la durée des festivités qui le marquent que par leur variété. S'étendant parfois, selon les régions, sur un mois entier, il peut débuter (selon le calendrier de l'année) le jour de la Chandeleur (le 2ème février) ou simplement le jeudi ou le dimanche précédant le Mardi-Gras. Les festivités qui le marquent se regroupent en trois temps forts. Le premier, le plus riche en manifestations variées s'étend du début de la période au jour même de Mardi-Gras, voire au mercredi des Cendres. Mais les festivités reprennent le premier dimanche de Carême—appelé selon les régions: *Saint Pansard, jour des Brandons*[22], *jour des Bures* (Lorraine), *Jour des Bordes* (Bourgogne, Dauphiné) et *jour des Failles* (Savoie)—et elles éclatent à nouveau le jeudi de la Mi-Carême où symboliquement on 'scie la Vieille', représentation allégorique de Carême. C'est là une coutume que Léopold Schmidt relève aussi en Slovaquie, Carinthie et Italie; et il ajoute que, dans ce dernier pays, on marquait la fin du Carême en faisant comparaître la Vieille devant un tribunal qui la condamnait pour avoir tué Carnaval et la contraignait à rédiger son testament avant de l'exécuter.

Bien entendu, ces périodes de festivités étaient marquées par des manifestations diverses dont nous nous bornerons à rappeler les principales. Tout d'abord des tournées de quête (pour obtenir les victuailles nécessaires aux nombreux banquets de la période) effectuées par la jeunesse locale déguisée, le visage noirci et ayant, pour illustrer la logique de l'envers et des permutations qui caractérise le cycle, soit retourné ses vêtements devant derrière, soit troqué les dits vêtements contre ceux de l'autre sexe. Parfois ces tournées de quête se résolvent en défilés au cours desquels les "masques" essaient de barbouiller les passants de suie ou de boue, ou les maculent d'aspersions sales et d'ordures. Lorsque ces défilés sont plus calmes, ils intègrent des déguisements divers dont les plus caractéristiques sont l'*homme sauvage* (en pays de Caramentran) et le *cheval-jupon*, et ils présentent sur leur trajet des pantomimes burlesques dont charlatans et astrologues sont parfois les héros comme en Bresse. Outre ces tournées de quête et défilés, le cycle est caractérisé par des personnifications et des coutumes sociales spécifiques. Les personnifications les plus connues et les plus anciennes sont sans conteste Carnaval et Carême. Le premier appelé aussi *Chanage, Carmentrant, Saint Pansard* est la figuration allégorique de l'allégresse que procure l'abondance et la bonne chère et s'oppose à une dame Carême dont la maigreur symbolise les privations annoncées par le calendrier.[23] Dans toute l'Europe la rencontre des deux personnifications se résout, selon le schème des jeux-combats qui opposent l'Hiver à l'Eté[24], en des joutes parfois actives, mais le plus souvent verbales, se terminant par un jugement burlesque.[25] A ces jeux qui expriment l'allégresse populaire, il faut ajouter de nombreuses coutumes sociales: *charivaris* aux veufs qui se remarient, *asouade* ou promenade sur un âne du mari battu par sa femme, la tête tournée vers la queue de sa monture, *farces* qui moquent les faits comiques ou scandaleux du pays pendant l'année écoulée, *tribunaux burlesques* qui poursuivent les maris cocus dans leurs jugements parodiques. Toutes ces coutumes témoignent du caractère érotique marqué du cycle que d'aucuns considèrent comme une période de libération de tabous, de totale liberté tant sur le plan social que sexuel.[26]

Qu'en est-il de tout cela dans le théâtre? La lecture des pièces montre à quel point il a pu être influencé par ce cycle de festivités; les nombreuses allusions qu'elles recèlent—qui ne se justifient que dans le contexte de la fête—et les nombreux thèmes carnavalesques qu'elles mettent en œuvre prouvent son intégration au nombre des manifestation festives et sa popularité. La meilleure preuve est sans doute donnée par les jeux de Carnaval dont il ne nous reste malheureusement que deux textes: *La Bataille de Saint Pensard à l'encontre de Caresme* et *Le Testament de Carmentrant*.[27] Ces deux jeux dont la représentation avait lieu sur la place publique, vraisemblablement le premier dimanche de Carême, sont des jeux-combats qui, au milieu de la liesse collective, opposent en une bataille rangée, à coups de victuailles, les deux personnifications du jour et se terminent, le premier, par la victoire de Charnau qui, magnanime accorde une trêve de quarante jours à son adversaire, et le second, par la victoire de dame Caresme qui contraint Carmentrant à la fuite après avoir fait son testament. Si ces textes témoignent de la manière dont la liesse collective pouvait s'exprimer dramatiquement, ils ne sont pas les seuls et les *mandements* burlesques comme *La Lettre d'escorniflerie* (ou *La Lettre à tous ceulx qui desirent estre mariés deux foys*) qui ordonne des libations débridées, ou les *sermons joyeux* qui, tels le *Sermon de Mgr. Sainct Jambon et Mme Saincte Andoulle*, le *Sermon de Sainct Raisin*, le *Sermon de Sainct Billouart*, le *Sermon de Sainct Velu*, le *Sermon de Sainct Frappe-culz* et bien d'autres, font l'apologie de la bonne chère, du vin et du sexe, célèbrent aussi dramatiquement à leur manière la levée des interdits et des tabous et illustrent l'explosion de joie qui en résulte.

D'ailleurs la licence qui caractérise le cycle devient le fondement même de farces dont on peut à bon droit penser qu'elles ont été jouées pendant cette période. C'est le cas, notamment, de la farce du *Jeu du Prince des Sots* représenté aux Halles de Paris le Mardy Gras de 1511, qui utilise tous les motifs spécifiques du cy-

cle et entre autres, le jeu de mots érotique filé et le jugement burlesque du mari impuissant et cocu:

> Une jeune femme, Doublette, se plaint à son valet Mausecret de ce
> que son vieux mari Raoullet Ployart laisse sa 'vigne' en friche. Ce
> dernier arrivant, elle le met en demeure de passer à l'ouvrage mais il
> refuse en prétextant qu'il en retire chaque fois un mal de reins (!) qui
> dure trois jours. Doublette lui propose alors de confier la besogne à
> son valet; mais Raoullet s'y oppose. Doublette réitère sa requête en
> demandant à son mari de 'fouler la vendage' et le même jeu de scène
> se répète. Arrivent alors les voisins Faire et Dire qui discutent du
> temps ('Voisin les eaues seront bien grandes || Mais que les neiges
> soient fondues') et décident d'aller labourer leur vigne. Pendant ce
> temps, Raoullet, sommé par Doublette, avait tenté un essai pour 'be-
> scher' mais sa 'besche ploye'. Aussi Mausecret conseille-t-il à Dou-
> blette d'employer d'autres ouvriers ce à quoi elle se résout. Elle em-
> bauche Dire et Faire pour 'labourer' l'un après l'autre cependant que
> Mausecret fait le guet à condition de passer à l'œuvre après eux. Dire
> passe à l'action le premier mais il ne fait que se vanter et son ouvrage
> n'est pas à la hauteur de ses propos: Doublette le chasse. C'est alors
> le tour de Faire qui besogne sans un mot. Doublette est ravie qui dé-
> clare: 'J'ayme mieulx Faire que Dire', et elle incite l'ouvrier à recom-
> mencer! Mais Raoullet arrive juste pour entendre Faire proposer:
> 'Voulez vous que je tierce?' Raoullet se met en colère mais Mausecret
> prévient Doublette et Faire s'enfuit. Doublette essaie de calmer Ra-
> oullet irrité par ce qu'il a vu, cependant que Mausecret, vexé de voir
> sauter le tour promis, insiste lourdement sur la perfection du laboura-
> ge de Faire! Raoullet décide alors de porter l'affaire devant le Prince
> des Sots et va trouver le Seigneur de Balletreu (!) qui est chargé de
> régler ces problèmes. Après la déposition du plaignant et la plaidoirie
> de la défense, on donne gain de cause à Doublette et on lui permet de
> dorénavant s'adresser à des ouvriers pour suppléer à l'incapacité de
> Raoullet. Ce dernier a beau promettre de mieux s'acquitter de sa tâ-
> che, on ne l'écoute pas et lorsqu'il veut faire appel, sa demande est
> rejetée.

Bien qu'aucune datation précise ne permette de l'assurer, c'est
sans doute dans le même contexte qu'ont été représentées la *Farce des femmes qui font escurer leur chauderon et défendent que
on ne mette la pièce emprès du trou*[28] ou la *Farce des femmes*

qui font rembourer leur bas[29], qui, a l'exception du jugement burlesque final présentent les mêmes traits et le même caractère. Si l'on rappelle que les rôles féminins étaient à l'époque tenus par des hommes travestis on saisira d'autant mieux l'adéquation de telles pièces à cette logique de l'envers et des permutations qui caractérise le cycle. Ajoutons qu'elles peuvent avoir été représentées lors des tournées de quête. C'est aussi le cas, semble-t-il, de la *Farce du Goguelu*[30], farce-dispute qui met en scène le jeu licencieux de 'broche-en-cul' et se termine sur une *chanson de quête*.

A ce même cycle, outre des pièces qui, comme le *Farce des Queues troussées*—ou la *Farce de Legier d'Argent*[31]—rappellent que la liberté sexuelle était de règle dans les ménages pendant le Carnaval[32], il faut sans doute ajouter celles qui, développant à tous les niveaux le thème de l'inversion et du ravalement carnavalesque cher à Bakhtine, promeuvent au rang d'accessoires scéniques des objets ménagers sales ou souillés (coutume qui va de pair avec celle des aspersions sales) telles la *Farce de Tarabin Tarabas*[33] ou la *Farce de deux hommes et leurs deux femmes dont l'une a malle teste et l'autre est tendre du cul.*[34] Dans la première Tarabin se plaint de la (mauvaise) tête de son mari et Tarabas du cul de sa femme; leur valet, Triboulle-mesnage, essaie de les réconcilier mais il se voit chargé de nettoyer la maison de tous les objets sales et souillés qu'on lui entasse sur les bras. Quant à la seconde sorte de débat burlesque, elle aboutit à la démonstration bien carnavalesque de la prééminence du cul sur la tête: mieux vaut femme légère que femme acariâtre!

Appartiennent encore au même cycle—la farce de Gringore en témoigne—toutes les pièces qui mettent en scène des jugements burlesques dérivés de la folklorique *Dertgira nauscha*: la *Farce du pect*[35], cause grasse scatologique, la *Farce des Femmes qui demandent les arrerages de leurs maris et les font obliger par nisi*[36] et peut-être aussi la *Farce des droits de la Porte Bodes*[37] moins scatologique ou licencieuse que les précédentes mais qui moque le mari dominé par sa femme. Il ne faut cependant pas aller trop loin dans ce domaine et, bien qu'elle ait la même finalité que l'*asouade* dont elle rappelle les éléments, nous ne pensons pas que la *Farce du pont aux asnes*, adaptée du *Décaméron*, soit à ranger dans les pièces du cycle. D'après Léopold Schmidt, qui cite à l'appui de ses propos un jeu de Carnaval tyrolien qui développe le motif du moulin aux vieilles femmes et un jeu de Carême de Mösskirch datant de 1500 et intitulé 'le rajeunissement d'un vieillard', les jeux de Carême illustrent aussi, surtout au seizième siècle et à partir des Pays-Bas, le thème du rajeunissement des êtres humains vieillis. Ainsi une farce comme la *Farce des femmes qui font refondre leurs marys* appartiendrait au cycle; elle s'intègre parfaitement à l'érotisme ambiant et au motif plus général de la dénonciation du mari asservi par sa femme. En fait, les farces de ce cycle se caractérisent surtout par leur caractère licencieux[38] qui dénote une levée des interdits et des tabous soumis pour la durée de la fête au rire libérateur; elles s'intègrent au courant de la liesse populaire qu'elles suscitent et illustrent à la fois.

Cette levée momentanée des interdits et la licence générale expliquent que la sottie ait pu être du nombre des manifestations festives. Son caractère général d'ailleurs l'y conduisait: promouvant sur terre le règne de la folie, elles est par définition pure inversion des valeurs conventionelles.[39] Aux sots appartenait, selon la coutume, de présenter la revue des faits et potins scandaleux de l'année écoulée. C'est ce que font Rouge-affiné, Bac-affilé et Descliquetout dans la seconde partie de la *Moralité de Mars et Justice*, et Monsieur Rien dans la *Sottie pour le cry de la Bazoche*[40] jouée pendant les jours gras de 1548. Mais il est évident que l'immunité traditionellement attachée aux débordements du Carnaval, jointe au caractère dénonciateur de la coutume allait pousser les auteurs de sottie à dépasser le strict plan des scandales de l'intimité bourgeoise pour dénoncer, avec cependant toute la prudence et l'ambiguité requises, les scandales politiques: c'est ce que font ces deux pièces dans leur première partie, tentant ainsi une récupération de la permissivité de la fête à des fins autres que celles que étaient normalement les siennes.[41]

C'est une déviation analogue que l'on constate dans la *Sottie des Sotz qui remettent en point Bon Temps*[42] que nous pensons avoir été représentée pendant le Carnaval. Du Carnaval en effet, elle utilise le caractère licencieux qui transparaît dans les propos scatologiques que tiennent les sots en montant sur scène (vv. 32-68), et le personnage du Général d'Enfance qui, outre le fait qu'il joint à une traditionnelle naïveté infantile une lubricité hors du commun (il réside généralement au 'couvent de Serre-Fessier'; *cf.* vv. 69-140) est, en plus du chef de l'association de jeunesse locale auquel son nom même l'assimile, la matérialisation sur scène du *cheval-jupon*, déguisement qui, nous l'avons dit, appartient en propre au cycle de Carnaval. Or cette sottie, tout en ménageant des louanges préventives au pouvoir en place, décoche quelques flèches satiriques contre les responsables des malheurs du temps et se livre au jeu de scène signifiant qui consiste à remettre en point Bon Temps que vingt années de 'prison' ont laissé en triste état. Pour diffuse qu'elle soit, l'intention contestataire n'en est pas moins présente; l'esprit populaire du Carnaval est ici récupéré à d'autres fins. D'ailleurs même lorsqu'elle est muselée par la censure, la sottie de Carnaval communique son message par son silence même ou par la généralité voulue de sa mise en scène qui lui confère une signification allégorique. La *Sottie des Beguins*, jouée sur la place du Molard, à Genève, le dimanche des Bordes 1523, en est l'exemple le plus frappant: le poste Printemps, tout de 'verd vestu', vient annoncer à Mère Folie qui porte le dueil de Bon Temps, le retour de celui-ci (Carnaval est aussi la fin de l'hiver et l'annonce du renouveau); elle rassemble donc ses sots pour l'accueillir et leur taille un chaperon dans sa chemise, mais au moment de jouer, les sots s'aperçoivent que leurs chaperons n'ont qu'une seule oreille laquelle interprète en mal ce qu'ils disent en bien; la liberté de la double interprétation, carnavalesque et réelle, étant ainsi exclue, ils refusent de jouer. C'est là souligner le non respect de la trève traditionnelle, donc dénoncer tout en utilisant le langage de la fête. Même démarche dans la *Sottie du Monde*, jouée le dimanche après les Bordes (car le dit dimanche il avait plu) en 1524: le médecin appelé pour soigner le Monde devenu fou, énonce tous les griefs que l'on murmurait à l'époque à voix basse contre le temps et le régime.

Mêmes remarques encore à propos de la *Sottie du Roy des sotz*.[43] Elle débute sur l'appel du roi des sots qui entonne le refrain festif: 'Ecce quam bonum quam jocundum ‖ Habitare fratres in unum' et demande à Sottinet de rassembler ses suppôts. Ce dernier amène de force Triboulet en lui disant: 'Je scavoys bien ... que vous viendriez a la *feste* ... bien tost' et le force à se dépouiller de ses habits sous lesquels il apparaît en livrée de sot (motif doublement carnavalesque du déguisement inversé), résurrection en creux symbolique. Puis il va chercher Coquibus qui 'ratz porte' et Mitouflet le 'baveur', personnages dont le rôle était de faire la traditionnelle chronique carnavalesque des potins scandaleux. Arrive alors un autre sot, Guippelin, qui est muet bien qu'il ait 'le gousier tout gras encore de Karesmeprenant'. Pour lui faire retrouver la parole on l'opère alors d'un 'fillet' composé de trois gros cordons qui ont pour nom Mal Vestu, Faulte d'Argent et Crainte Juvénile. Guéri, Mitouflet se met à tout régenter ('Je suys homme quant est a moy ‖ Pour gouverner tout seul ung roy') et chasse les rapporteurs qui ne font pas bien leur travail. Il est évident que cette action allégorique prend un sens précis dans le contexte de Carnaval: elle invite le peuple à profiter de l'immunité attachée à la fête qui délie les langues, pour faire entendre à haute voix ses griefs contre un régime amendable et donc à ne pas se contenter de la coutumière diffusion festive des petits potins scandaleux.

Mais c'est sans doute dans le fameux *Jeu du Prince des Sots* de Gringore, joué le Mardi-Gras de 1511 aux Halles de Paris, que la récupération de la fête devient subversion manifeste. Pièce de commande et de propagande pro-gouvernementale, elle vise à faire admettre au peuple la politique de Louis XII vis-à-vis de Jules II désigné comme un fauteur de troubles et le responsable d'un conflit dont la rumeur publique n'admettait pas la nécessité. Sous les yeux de Sotte Commune (le Peuple) qui ne peut s'empêcher de 'grumeller', Mere Sotte, que ses propos assimilent à Jules II, essaie de fomenter une révolte contre le Prince des Sots en lequel on reconnaît facilement Louis XII, et devant lequel elle comparaît. Or, nous l'avons montré par ailleurs[44], ce jeu, pour parvenir à ses fins, utilise selon le mode allégorique de l'époque, une structure de séance de tribunal qui, en soi, dénonce et condamne Mere Sotte/ Jules II. Mais il faut rappeler que ce motif du jugement effectué par des sots est un motif du folklore carnavalesque ainsi d'ailleurs que le jeu du déshabillement qui, tel un masque que l'on quitte, révèle la nature profonde de Mere Sotte / Jules II[45] puisqu'après être apparue en scène déguisée, elle se retrouve, vêtements arrachés par les sots, dans la livrée signifiante de folie. Récupération subtile du jeu de scène car, outre le fait qu'il permet de dissocier en Jules II l'homme jaloux de pouvoir temporel de représentant de l'Eglise, chef du pouvoir spirituel, il montre que sous l'apparence, la réalité n'est en fait qu'un masque de Carnaval, donc une imposture reconnue.[46]

Mais, nous voudrions le montrer, c'est à un niveau profond que se fait ici la subversion de la fête. Habilement, pour canaliser au profit de sa démonstration la force active des réflexes festifs populaires, Gringore utilise des structures de jeu et des masques propres au Carnaval: c'est une structure de jeu-combat carnavalesque qu'il superpose à la structure primitive de séance de tribunal de la pièce. Ceci apparaît très nettement dans les groupes en présence: au Prince et à ses suppôts, le Seigneur de Gayecté, le Seigneur de Pont-Alletz, le Prince de Nates, le Seigneur de Joye, le Général d'Enfance, le Seigneur du Plat-d'Argent, le Seigneur de la Lune, s'oppose Mere Sotte, conseillée par Sotte-Fiance et Sotte-Occasion, qui appelle à la rescousse les Abbés de Frévaulx, Plate-Bourse, Croulecul, La Courtille et Saint Liger. D'un côté, la joie, la gaîté débridée, la sexualité, les libations, la ripaille qui assimilent le Prince à la figure de Carnaval-Charnaige, et, de l'autre, la tristesse, la maigreur, le dénuement, la lâcheté qui font de Mere Sotte une autre figure de Dame Caresme (assimilée lourdement par les titres de ses suppôts à cette Eglise responsable du jeûne

obligé et tant décrié). Quant à l'intrigue avant de se clore (comme
toute sottie-séance de tribunal) par un jugement dont le verdict implicite dénonce la fourberie d'une Mere Sotte à laquelle on a arra-
ché ses atours, elle comporte une phase qui évoque le *Bataille de
saint Pensard à l'encontre de Caresme* ce qui devait aboutir, au
niveau inconscient, à l'assimilation des deux pièces dans l'esprit
des spectateurs: après avoir annoncé à ses deux conseillères son
intention d'étendre au temporel son pouvoir spirituel, Mere Sotte
regroupe ses vassaux auxquels elle promet des chapeaux de cardi-
naux pour atténuer leurs réticences et leurs hésitations, et les en-
voie se battre contre les seigneurs du Prince; il y a alors une
échauffourée qui, comme dans les jeux de Carnaval, se termine rapidement par la défaite des troupes de Mere Sotte-Carême.

Il est évident que l'utilisation d'une telle structure dans le contexte festif du Mardi-Gras vise à rallier la faveur populaire et ce, de
manière instinctive, à ce Prince-Carnaval qu'on lui présente. N'a-
t-il pas d'ailleurs, pour attirer vers lui les sympathies—chose unique dans la Sottie—un cortège complet de figures carnavalesques
qui souligne la licence du jour (et dont implicitement on suggère
que la présence admise et reconnue est un don du Prince): le
Prince de Nates (qui apparaît dans le *Monologue des Sotz joyeulx
de la nouvelle bende* accompagné du Seigneur des Jonchées, lequel, 'soingneux vous servir d'herbe verte', est la représentation
allégorique de l'esprit de mai) dont le cri de guerre a un résonance
scatologique, 'Qui a? Qui a?', évoque par son nom les banquets,
danses et fêtes où l'on couvrait le sol de tapis de fleurs et d'herbes tressées, mais aussi si l'on réfère à Villon (*Testament*, vv.
766-8) un fort relent d'érotisme; le Seigneur de Joye, qui était
évêque dans les *Lettres nouvelles* (où il était accompagné de
Gayeté et de Plate-Bourse), devient ici Prince pour figurer, fait
symptomatique, dans le cortège laïque de Carnaval et, de plus, il se
voit pourvu d'une traditionnelle caractérisation érotique puisqu'il
avoue être 'au soir et au matin tousjours avec le femynin'; le Général d'Enfance, qui symbolise la niaiserie de nature et son corol-
laire obligé, l'appétit sexuel, marque, nous l'avons vu, la montée

sur scène du cheval-jupon carnavalesque; le Seigneur du Plat-d'Argent dont le nom est une enseigne de taverne représente la mangeaille, le vin et le jeu donc l'insouciance dans l'éclatement des tabous; le Seigneur de la Lune dont le nom symbolise aussi féminité et l'érotisme[47], se définit lui-même comme 'Inconstant, prompt, et variable ‖ Leger d'esperit, fort variable': il est la joie et l'insouciance de l'homme libéré par la fête. Et Gringore ne se fait pas faute d'insister sur l'analogie entre les suppôts du Prince et les héros traditionnels de la fête carnavalesque:

Ilz ont fait durant les Jours Gras
Bancquetz, bignetz et tel fatras
Aux mignonnes de ceste ville ...

On ne peut mieux chercher à insérer le jeu dans le contexte festif du jour.[48]

Selon le même principe, les suppôts de Mere Sotte évoqueront ceux de Dame Caresme: l'Abbé de Frévaulx (Froictz-Vaulx dans le *Monologue des sotz joyeulx de la nouvelle bende*) qui symbolise le froid, la pauvreté, le dénuement, avoue qu'il a mangé le revenu de son cloître et que ses moines se mettent au lit sans souper; quant à Plate-Bourse (qui, ici, se sépare du Seigneur de Joye), Croulecul et Saint Liger (qui en fait n'apparaît pas sur scène, peut-être parce que son ventre creux le pousse à éviter de répondre à l'appel à la révolte de Mere Sotte) ils font partie de cette troupe qui, avec les Vuydeboyau, Panceapoix, Maisgredoz et Lasdejeuner de la *Bataille de Saint Pensard*, évoquent le jeûne tant haï du Carême: tous se comportent de la même manière, manque d'ardeur combattive et propension à se plaindre. Aussi étaient-ils tout désignés pour essuyer les railleries et la vindicte populaire surtout dans le climat que suscite le *cri* transformé ici en mandement joyeux:

... Faict et donné, buvant a plaintz potz
En recordant la naturelle game,
Par le Prince des sotz et ses suppostz;
Ainsi signé d'ung pet de preude femme.

Peut-on mieux utiliser l'élan festif en déguisant sous les structures et les motifs des jeux habituels de la fête une volonté manifeste de propagande politique et ceci afin de mieux le canaliser, le détourner—le duper—insidieusement vers la ratification inconsciente d'une politique royale pourtant vivement critiquée en des jours plus calmes. Applaudir Carnaval c'est applaudir le Roi. La subversion de la fête est totale. Mais cette récupération prouve du même coup l'impact des manifestations dramatiques sur le peuple ... et la conscience qu'en avaient les classes dirigeantes.[49]

Nous retrouverons cette même démarche du théâtre visant à récupérer l'élan de la fête populaire dans le cycle de mai. Mais auparavant il nous faut dire quelques mots de la fin du cycle de Carnaval qui coïncide pratiquement avec le début des festivités pascales.

D'après Léopold Schmidt, la fin du cycle est marquée en Calabre par des jeux-dispute entre Carême et Pâques: on célèbre ainsi l'arrêt des abstinences et la venue des temps nouveaux. A notre connaissance, rien de tel en France où l'on entre directement dans le cycle des festivités pascales. Fortement christianisé, ce cycle est peu marqué par des festivités de la jeunesse et les représentations dramatiques qui sont données ont un caractère sérieux: *passions* ou *mystères*. Pourtant, si l'on ajoute foi à quelques notations visant à actualiser l'action que présentent quelques farces—et qui, l'expérience le prouve, sont rarement gratuites—on peut penser que les festivités pascales étaient aussi ponctuées de quelques éclats de rire suscités par le thème parodique de la confession burlesque. Dans *La Confession du brigand*[50] un truand contraint un curé à le confesser pour le dévaliser plus facilement en jouant sur les quiproquos que fait naître la situation; or, le curé, avant sa funeste rencontre, déclarait: 'Voicy la feste qui s'approuche de Pasques'. Même chose dans la *Farce de celuy qui se confesse a sa voisine*[51] où une femme jalouse qui veut connaître l'étendue de son infortune, essaie de contraindre son mari à se confesser à la voisine en lui déclarant: 'En l'honneur de la Passion de Dieu, mettez vous en estat de grace'. Précision qui, en dehors du contexte pascal, ne serait pas venue à l'esprit de l'auteur et à laquelle le mari, lassé, répond avec à-propos en renvoyant la confession à l'année suivante: 'Par le sang bieu! Il n'est pas temps. J'attendray bien jusqu'en Karesme!' Peut-être convient-il de voir dans l'utilisation de ce thème de la confession burlesque dont la tonalité est celle du sérieux dégradé, un des derniers échos du rire carnavalesque. Quoi qu'il en soit, il faut souligner ici, à un degré moindre que dans les autres cycles, mais non négligeable pour autant, compte-tenu du contexte festif, l'esprit sinon subversive du moins nettement irrévérencieux de telles pièces qui détonnent dans un cycle surtout marqué par la ferveur religieuse.

Si le cycle de Pâques est à tonalité religieuse, il en va tout différemment du cycle de mai, nettement païen, qui, dans toute l'Europe, célèbre la victoire définitive de l'Eté sur l'Hiver et le renouveau de la végétation, et coïncida pendant longtemps avec le début de l'année civile. Les festivités du cycle se regroupent surtout au début du mois, le 1er et le 3ème mai et le premier dimanche; mais on note une reprise lors des Rogations, de l'Ascension et de la Pentecôte, et une résurgence le dernier dimanche du mois. Etape de suspension des règles de la vie ordinaire, de licence, de liberté de langage, ce cycle présente des structures festives et des coutumes qui le rapprochent du cycle de Carnaval, mais il a en propre des rites particuliers. Le plus connu et le plus ancien (puisque Nicole Belmont en retrouve mention dans un texte d'Aix-la-Chapelle daté de 1225) est sans conteste la plantation d'*arbres de mai*.[52] Ce rite présente deux formes. D'abord celle du "mai" collectif, planté sur la place du village par la jeunesse locale et, autour duquel se déroulaient, au quinzième siècle, les fêtes de la Bachellerie et que la population entière surveillait avec soin car si les jeunes d'une localité voisine réussissaient à s'en emparer la coutume contraignait à le leur racheter. Ensuite celle du "mai" individuel, bouquet de verdure offert à la jeune fille aimée (*esmaiage*) qui, parfois, peut devenir vindicatif dans la mesure où sa nature peut dénoncer aux yeux de tous les mœurs de celle à qui on le destine.

Le second des rites spécifiques du cycle consiste en sa personnification par une *reine de mai*, qui suivie d'une troupe nombreuse, effectue une tournée de quête. Peu importe que l'on ait voulu voir en cette *reine de mai* la personnification de Flore, de la Vierge ou d'une déesse païenne de la végétation et de la fécondité: elle souligne en fait la dévotion du cycle entier à la femme et une coutume comme celle qui, au seizième siècle, fait promener sur l'âne les maris qui battent leur femme en mai, véritable contrepartie de l'asouade carnavalesque, le prouve. En mai, les femmes ont la prééminence; elles peuvent non seulement se venger de maris autoritaires et brutaux, mais encore, le jour de Sainte Agathe, elles ont le droit de diriger la maison et de commander aux hommes. Ajoutons encore que le cycle entier garde de ses lointaines origines païennes un fort relent d'érotisme et de nombreuses pratiques magiques qui reflètent l'esprit superstitieux du temps: caractère bénéfique et thérapeutique de la rosée de mai, de l'eau des fontaines; interdiction de changer de vêtements ou de literie, de faire la lessive ...

De nombreuses pièces se font l'écho de ces coutumes populaires. C'est par exemple la *Farce des enfants de Borgneux*, simple dialogue entre deux jeunes galants qui se complimentent réciproquement sur leur bonne mine, leur tenue et leurs succès féminins et évoquent leurs souvenirs au nombre desquels une bagarre contre une bande de jeunesse rivale commandée par un certain Jehan Gosset qui, dit l'un, 'nous vint oster nostre may'. C'est aussi la *Sottie des sotz nouveaulx, farces, couvez*, sorte de joute de vantardises burlesque et d'histoires grivoises agrémentées de chansons à boire entre trois sots dont l'un fait allusion aux saints érotiques Couillebault et Alivergault, proposant de garder le second pour les *rouaysons* (Rogations). C'est encore la *Farce des troys nouveaulx martyrs* dans laquelle Mariage, Proces et Mesnaige demandent à la Fin de leur accorder d'être canonisés et d'avoir un jour de fête; or, si Proces demande que sa 'feste soit mise ... ung jour de la Sainte Semaine ... environ les afferandons', c'est à dire pendant la semaine des Ténèbres qui, selon la coutume était une période marquée par la suspension des règles ordinaires et des stipulations administratives et policières[53], Mariage, lui, propose que sa 'feste soit gardee en *may* que amourettes sont de saison' et il déclare à tous les martyrs en mariage, à tous ceux qui se font battre par leur femme, à tous ceux qui ferment les yeux sur leur infortune conjugale: 'Vous m'en devez chandelle verte tout a ce premier jour de May'. Si ces allusions témoignent du caractère vivant des coutumes folkloriques elles ne servent guère ici qu'à créer un effet de réel et il y a de grandes chances que les pièces précédentes, excepté peut-être la dernière, n'aient pas été représentées pendant ce cycle de mai.[54]

Pourtant, à coup sûr, des manifestations dramatique ont été incluses aux festivités, ne serait-ce que les pièces qui illustrent les deux thèmes fondamentaux du cycle: le règne de la femme-maîtresse adulée mais distante, insaisissable, inflexible et le thème du renouveau de la végétation pris comme symbole érotique. C'est le premier de ces deux thèmes qui rappelle à la fois la prééminence accordée à la femme pendant le mois et les superstitions qui faisaient de ce même mois un mois néfaste pour les unions matrimoniales, que mettent en scène des pièces comme la *Farce des troys amoureux de la croix*[55], la *Farce des amoureux qui ont les bottines Gaultier*[56], la *Farce du Dorellot qui a la chemise Bertrand*[57] ou la *Farce de Mince de Quaire*.[58] Mai est le mois où les amoureux que stimule le renouveau de la nature, déclarent leur flamme (*esmaiage*) mais où, bien souvent, ils se voient éconduire par leur belle: c'est ce même thème qu'illustrent les quatre pièces citées. La première, qui emprunte son intrigue à une nouvelle du *Décaméron*, rapporte comment une coquette, après avoir accepté les présents de ses trois prétendants, s'en débarrasse en leur fixant à une heure d'intervalle, au pied d'une croix un rendez-vous auquel ils doivent se rendre déguisés respectivement en prêtre, en mort, en diable: les trois prétendants s'effraient mutuellement avant de constater qu'ils ont été joués. Un certain nombre de détails incitent à penser que cette pièce a été jouée en mai: non seulement l'envoi situe la représentation dans un contexte festif: 'En

Joyes, festes et liesses, prenez en gré l'esbattement', mais de plus une réplique précise la localisation temporelle: 'en ce temps de joyeux esté' (v. 23). D'autre part la transformation du décor proposé par le modèle narratif est trop évocatrice pour être fortuite: le lieu du rendez-vous qui, dans le *Décaméron*, était un cimetière (ce qui justifiait la présence du "mort") devient ici une croix qui présente de grandes analogies avec le "mai", arbre ou mat de cocagne enrubanné planté sur la place du village. Enfin les lamentations burlesques que profèrent les prétendants effrayés sont farcies de fragments de psaumes, versets, antiennes chantées lors de l'office du dimanche avec une nette prédominance de ceux dédiés à la Vierge dont mai est le mois. Avouons cependant qu'il est plus difficile d'assurer que les autres pièces citées ont été représentées pendant le cycle car elles manquent d'allusions permettant une localisation temporelle précise. Néanmoins, nous l'avons dit, leur thème est identique surtout pour la seconde[59] à celui que développe la *Farce des troys amoureux de la Croix*: elles montrent comment une femme courtisée repousse les avances de galants et s'en débarrasse mais aussi comment elle règne en maîtresse sur un mari impuissant qu'elle ne se fait pas faute de battre et de tromper.

Par contre c'est une véritable synthèse des thèmes et des rites du cycle de mai que réussit la *Farce des femmes qui se font passer maistresses*[60], farce d'écoliers[61] à coup sûr jouée en mai. Au début de la pièce, Me Regnault apporte aux femmes de Paris une bulle du Pape qui permet de leur conférer la maitrise; mais pour être graduées elles doivent être mariées et avoir pris l'habitude de battre leur mari. (L'allusion à la coutume festive est on ne peut plus claire!) Après avoir prêté le serment de nuire à leurs époux, deux candidates se voient conférer le bonnet rond de docteur[62] et obtiennent l'autorisation papale d'abandonner leur conjoint quand elles le désireront. Fortes de leurs nouveaux droits, Alison et sa commère reviennent chez elles et rencontrent en chemin le mari d'Alison venu à leur rencontre, paré de ses plus beaux atours pour plaire à son épouse. Les deux femmes commencent par se moquer de lui en lui reprochant son incapacité sexuelle puis Alison lui annonce sa décision de le quitter conformément au nouveau droit qu'elle a acquis. Mais avant de s'éloigner les deux femmes décident de le planter en terre, 'tost a la rousée', la tête en bas, pour qu'il reverdisse au bon endroit: 'Planter vous fault pour reverdir ... en ce nouveau temps pour veoir se serés verd et bien ployant ... tantost reverdirez et belle queue vous aurés'. Le pauvre mari n'a d'autre ressource que d'accepter mais il s'inquiète du résultat: 'En seray je bien desgourdy ‖ Et tout verd en ce *moys de may?*' Les deux femmes le lui assurent et, pour hâter la chose, elles l'arrosent avant de partir. Et c'est un fou qui tire la conclusion du jeu:

> Quant les maris sont bien covers
> On en va querir de plus vers
> Cependant qu'il reverdiront.

Et le mari ajoute en écho:

> Les maris si sont *aujourd'huy*
> Trestous pour reverdir plantez
> Et nos femmes vont le pirdouy
> Dancer, par bieu, de tous costez!

Cette pièce, simple amalgame de tous les motif folkloriques du cycle, est un divertissement qui apporte son concours à la bonne humeur générale en transportant sur la scène le contexte festif du jour qu'elle redouble en le prenant pour sujet. Elle est une nouvelle preuve de la parfaite intégration du théâtre aux manifestations festives populaires. Pourtant si de telles pièces vont dans le sens même de la joie gratuite qui caractérise la fête populaire, ce n'est pas le cas de toutes et dans ce cycle comme dans les autres on assiste à des tentatives d'appropriation du contexte festif à des fins autres que celle du rire gratuit.

La déviation commence à s'amorcer avec des pièces comme la *Farce de la Pipée*, jouée elle aussi en mai comme en témoignent les allusions contenues dans le dialogue initial de Rouge-Gorge et Verdier.[63] Elle rénove à sa manière le thème propre au cycle de la maîtresse courtisée sans succès par des galants: ici, trois galants-oiseaux (Verdier, Rouge-Gorge, Jaune-Bec) tombent dans le piège de la *pipée* que leur tendent deux personnages allégoriques, Bruyt-d'Amours et Cuider, en prenant pour appât une mignonne de seize ans, Plaisant-Folie; les galants y perdront plumes et illusions. Or le propre de cette pièce c'est de produire du sens en abîme par la nature même de ses personnages. En effet, si la fiction de la *pipée* traduit sur le plan visuel la manière dont les jeunes galants, aussi légers, instables, volages que les oiseaux qu'ils jouent sur scène se font prendre au piège de l'amour et y rencontrent souvent une maîtresse aussi rusée qu'ingrate et inflexible (et on reste là sur le plan habituel du contexte festif de mai), le nom même de l'appât, de la maîtresse courtisée, Plaisant-Folie, détourne la signification profonde sur un autre plan: le piège de l'amour devient piège de la folie, de cette folie qui mène le monde et guette chacun, soif de puissance et assouvissement des instincts menant à l'éclatement de la personne morale que dénonce tout le théâtre "politique" du moment auquel implicitement la pièce renvoie. Le premier et instinctif éclat de rire se prolonge en méditation. L'appartenance au cycle n'est plus une fin mais un moyen: la pièce en dévoie l'esprit; elle en récupère les forces latentes à d'autres fins. Et que dire alors de pièces comme *La Folie des gorriers*, *La Farce de Folle Bobance*, voire la *Sottie de deux gallants et Santé*[64] dont malheureusement les indices manquent pour certifier qu'elles ont été représentées en mai, même si elles font allusion à un contexte festif.[65] Pourtant elles présentent la même structure que *La Pipée* et renforcent l'allégorisme de la mise en scène: la première montre comment Folie conduit à tous les excès et à la ruine les gorriers qui lui font allégeance et la seconde assimile aux différentes couches sociales les galants (Gentilhomme, Marchant, Laboureux) asservis par Folle Bobance dont ils veulent faire leur maîtresse. Le théâtre pénètre la fête et utilise ses structures propres, ses motifs pour susciter une réflexion critique sur la société (réflexion qui d'ailleurs ne peut naître que dans le climat libératoire de la fête): le règne folklorique de la femme devient règne satirique de la folie; le rire social est appelé à se retourner contre lui-même. Mode d'action d'autant plus insidieusement subversif qu'il utilise des moules de pensée à d'autres fins pour susciter par analogie une découverte qui est prise de conscience: l'allégorie théâtrale, en devenant glose de la structure folklorique cherche à l'attirer vers la réel en l'actualisant. On cherche à mobiliser la force par nature démobilisatrice de la fête.

Souvent d'ailleurs la subversion de la fête éclate au grand jour. Les coutumes folkloriques sont alors prétexte — et couverture — à des attaques satiriques précises. C'est ce qui se produit dans un jeu de l'Infanterie dijonnaise datant de la seconde moitié du seizième siècle[66] — preuve de l'accord durable du théâtre et des fêtes calendaires. Grâce à la coutume qui permet de fustiger les maris qui battent leur femme en mai, les suppôts de l'Infanterie peuvent décharger leur vindicte à l'égard du Grand Maître des Eaux et Forêts, Du Tillet, nommé à son poste en janvier 1576:

Ier fol: Silvains et semy dieux qui vassaulx de Diane
Habitez aux forestz les antres tenebreux,
Sortez; et sortez aussi satyres de vos creux
Et venez avec nous pour rire de notre ane,
C'est de ce grand gouverneur, maître de vos feuillees,
C'est ce reformateur duquel dernierement
Vous fûtes effrayez quant par trop fierement
Il fouloit de ses pas voz terres depeuplées.
Le malheur a voulu qu'il a battu sa femme:
Encore en ce pays, en estrange maison,
Encore devant les gens, encore en tel saison,
La battre au mois de may n'esse pas ung difame?
IIe fol: Qu'en dis tu de cela? Dor[s] tu Infanterie?
Mere Folie;   Voycy le jugement devant tous les humains,
Que dans Rome il convient vivre comme romains:
[Ordonnons] en premier en fere l'asnerie.
Or, pour le celebrer ...

Suit l'appel des suppôts.

L'intrusion du théâtre dans le cycle de mai qui, rappelons le, était marqué par les fêtes de la Bachellerie, des clercs de la Basoche, des écoliers, et rappelait par sa licence permissive le cycle de Carnaval, est telle que l'on voit alors représenter des sotties qui n'ont aucun lien avec les coutumes du cycle. C'est le cas notamment de la *Farce nouvelle de Faulte d'Argent et Bon Temps*[67] dont une 'chanson propice' (v. 149): 'Aymés moy, belle, aymés moy ... Je vous donneray un chappelet tout de muguet' permet de localiser la représentation en mai. Trois galants se plaignent de la disparition de Bon Temps lorsque celui-ci les interpelle de la fenêtre d'une prison où le maintient Faulte-d'Argent; ils chassent alors Faulte-d'Argent et délivrent Bon Temps (le temps de la fête?) qui se joint à eux avec joie et leur explique la raison de ses éclipses puis leur nomme les lieux où il a l'habitude de séjourner; mais Faulte-d'Argent revient le chercher et les galants doivent le laisser repartir. C'est là une courte pièce sans grande portée satirique, qui ne fait guère que représenter allégoriquement sur scène le horstemps de la fête et la suspension des soucis quotidiens. Mais elle rappelle au milieu de la liesse la cruelle réalité du moment. Son intérêt ne réside pas dans son contenu mais dans le fait qu'elle ait été jouée lors d'un cycle de festivités calendaires. Elle témoigne de cette tendance à la récupération de la fête à des fins autres qu'elle même et laisse supposer que d'autres sotties, plus incisives quand la censure le permettait, ont aussi cherché dans la fête le moyen de faire passer leur message aux masses.

III

Avec le cycle de mai notre revue se termine. En effet, le cycle de la Saint-Jean ne semble pas avoir été marqué par des motifs ou des coutumes spécifiques aussi nettement que les autres cycles, excepté toutefois les feux et les bûchers et les récoltes d'herbes investies de pouvoirs magiques. Et même si parfois, d'après Van Gennep, la licence est alors analogique à celle de Carnaval, les festivités ne donnent lieu ni à des personnifications, ni à des mascarades, ni à des tournées de quête. De ce fait, et compte tenu aussi de la brièveté du cycle, on ne relève pas de manifestations dramatiques spécifiques. Dans la *Sottie des sotz nouveaulx farces couvez* l'un des sots demande qu'on lui apporte 'de l'herbe de la Sainct Jehan' (v. 83) mais ce seul détail est insuffisant pour en induire la localisation temporelle de la représentation puisque la dite herbe était conservée toute l'année et, de plus, nous l'avons dit, cette pièce à tonalité grivoise présente un esprit plutôt carnavalesque. D'aucuns pourront rappeler que la Saint-Jean était marquée par la *louée*. Mais faut-il en déduire que les monologues d'hommes à tout faire, des farces comme celle du *badin qui se loue*, et d'une manière générale toutes celles qui mettent en scène des valets niais ou des chambrières malhonnêtes et lubriques, faisaient partie des festivités du jour? C'est possible mais non certain.

Faut-il aussi supposer une période de festivités (qui serait à raccrocher au cycle de Saint-Jean) vers la mi-juin? En effet le cinquième jeu de l'Infanterie dijonnaise qui a pour thème le traditionnel retour de Bon Temps (lequel critique vivement la tenue que son épouse, Mère Folie, a revêtue, sur les conseils de ses suppôts, pour l'accueillir) a été joué le 12ème juin 1583. Simple coïncidence? Il est permis de le penser quand on sait que *L'Estrif du Pourveu et de l'Ellectif* d'André de la Vigne, qui présente un caractère fort différent, a été joué le 11ème juin 1508. Ce sont là vraisemblablement des représentations urbaines suscitées par un événement local qui, malgré leur date, n'ont aucun rapport avec un cycle calendaire: le théâtre existait aussi en dehors de la fête populaire.

Pour être complet, il nous faudrait aussi parler de toutes les fêtes qui, de la Saint-Jean au cycle des Douze Jours, parsèment le calendrier. Mais le plus souvent greffées sur les travaux champêtres (affenage, moisson, vendages) elles sont inorganisées et varient d'un lieu à l'autre. Peut-être ont-elles été marquées ici et là par des manifestations dramatiques—sûrement par des monologues, sermons joyeux, mandements burlesques ou prières farcies—comme les repas de noces, car le bon vin et la bonne chère ne vont pas sans plaisanteries et divertissements divers. Mais nous en sommes réduits à des suppositions et de toute manière cela est d'un intérêt moindre pour notre propos.

IV

Quelles conclusions pouvons nous tirer de cette longue enquête? Tout d'abord, le théâtre non religieux est-il une forme d'expression "populaire", caractérisation qui récuse toute exclusive? S'il est, à la fin du moyen âge, un phénomène essentiellement *urbain*, lié à certains milieux *jeunes* (écoliers, basochiens) et obéissant, selon le rythme de la vie citadine, à des habitudes de représentation fixes en des lieux déterminés (salles avec gradins) par des troupes constituées (et ayant un répertoire comme les Cornards de Rouen, les Enfans-sans-souci ou les clercs de la Basoche) devant un public spécifique ainsi que tendrait à le prouver une étude que nous avons menée par ailleurs sur les envois des pièces, il n'en reste pas moins qu'il sort parfois sur la place publique pour s'intégrer au programme des festivités calendaires et, comme tel, il apparaît comme une forme d'expression ludique reconnue et goûtée d'un public indifférencié, comme un des multiples aspects que revêt la liesse populaire en ses débordements. Il fait partie des mœurs.

Mieux même, lorsqu'il s'intègre aux festivités calendaires, le théâtre populaire y puise son inspiration; il est une des voix de la fête. Ce sont alors les thèmes, les motifs, les coutumes spécifiques aux différents cycles qui le suscitent et le nourissent. Avec le cycle des Douze Jours, il célèbre l'innocent et le renversement des valeurs qui fait de lui, l'inadapté aux codes sociaux, un sage et pour un jour, un roi; avec le cycle de Carnaval-Carême il met en scène, avec les masques traditionnels, le rituel et dernier combat d'une liesse débridée et d'une permissivité gastronomique et sexuelle contre la nécessaire abstinence qui se profile à l'horizon, conformément à l'inversion carnavalesque qui prône l'éclatement des instincts de vie; avec le cycle de mai, il chante le renouveau de la vie, la sexualité, la fécondité qui font de la femme la déesse du jour, une déesse exigeante que l'on courtise sans succès. Autant de thèmes et de motifs qui remontent au folklore et aux mythes les plus anciens et font de ce théâtre qui les actualise dans la fête un théâtre populaire par son inspiration et sa destination.

Pourtant, en cette fin du moyen âge marquée comme chacun sait par une extraordinaire floraison du théâtre profane, on assiste aussi à une tentative de récupération des forces vitales de la fête à d'autres fins que sa propre célébration par ce théâtre même qui l'exalte. Avec la sottie surtout[68] dont les structures et les personnages sont nés de la fête[69] et des licences qu'elle permet, le rire d'évasion devient rire de lucidité, la fête devient le champs clos et abrité des affrontements, le lieu de quête d'un plébiscite, le terrain d'action du politique. Ses motifs, ses thèmes, ses personnages sont détournés de leur simple finalité festive pour déborder le hors-temps de la fête: l'innocent devient sage et dévoile les contradictions du quotidien, la revue des potins scandaleux se hausse au niveau du politique, les jeux-combats appellent à la prise de conscience, la reine de mai prend le masque de la Folie, mère des abus ... Du hors-temps de la fête on appelle paradoxalement à jeter, à travers l'effervescence qu'elle suscite et la force qu'elle libère et à laquelle on veut donner une cible, un regard sur le temps réel du quotidien que l'on révèle modifiable. Cette perversion des fins aboutit à une véritable subversion de la fête et cela d'une manière d'autant plus insidieuse qu'on épouse les modes de pensée propres au conditionnement de la fête pour les détourner à leur insu de leur objet premier. Mais en cette époque qui vit des transformations profondes, comment résister à s'approprier, de quelque bord que l'on soit, cette grande voix de la fête qui est aussi la voix du peuple? Mais alors, le théâtre ne marque-t-il pas l'intrusion dans la fête d'une volonté manœuvrière catégorielle[70] et doit-on, dans ces conditions, toujours le considérer au plein sens du terme comme "populaire"? La question reste posée.

Notes

1   La distinction entre farces *d'eschaffault*, farces *de collège* et farces *de bandes* n'est pas à priori pertinente pour notre propos et en tout cas difficile à utiliser pour classer les pièces, bien que l'on puisse proposer: farces *d'eschaffaults* sont des représentations en salle; farce *de bandes* représentations de plein air donc intégrées aux fêtes. Ajoutons que *la Fillerie*, aujourd'hui perdue, est donnée par Malostru comme farce *de bandes* et considérée par Sotin comme *grasse*: aurait-elle été une farce de

Carnaval? La *Sottie des coppieurs et des lardeurs* fut publiée par E. Droz [éd.], *Le Recueil Trepperel: Les sotties*, Paris, 1935, pp. 147-83.

2   *Cf.* Gustave Cohen [éd.], *Recueil de farces françaises inédites du XVe siècle*, Cambridge (Mass.), 1949, les pièces 1, 6, 8, 16, 17, etc.

3   *Cf. La Folie des Gorriers*, Emile Picot [éd.], *Recueil général des Sotties*, Paris, 1902-12, tome I, pp. 137-75.

4   En dehors de ces cycles les pratiques populaires ne manquent pas mais elles sont éparses et inorganisées; elles se greffent sur les travaux agricoles.

5   Yves-Marie Bercé, *Fête et révolte: Des mentalités populaires du XVIe au XVIIIe siècle: Essaie*, Paris, 1976.

6   C'est en fait l'adoption du calendrier grégorien en 1582 qui la fixe définitivement au 1er janvier.

7   Nicole Belmont, *Mythes et croyances dans l'ancienne France*, Paris, 1973, p. 71.

8   Léopold Schmidt [éd.], *Le théâtre populaire européen*, Paris, 1965, pp. 193-5.

9   Jean-Claude Aubailly, *Le Monologue, le Dialogue et la Sottie: Essaie sur quelques genres dramatiques de la fin du moyen âge et du début du XVIe siècle*, Paris, 1976, p. 323.

10   Aubailly, *Monologue, Dialogue et Sottie*, pp. 342-5.

11   A notre avis, si les pièces de ce cycle développent un motif connu du folklore de nombreux pays (*cf.* Halina Lewicka, *Etudes sur l'ancienne farce française*, Paris, 1974, p. 32), elles appartiennent au milieu des écoliers et l'évolution—nous dirions l'adaptation—du niais en valet qui cherche à louer ses services (type Jeninot) marque une tentative de récupération de la fête populaire par les écoliers.

12   *Cf.* E. Droz et H. Lewicka [éds.], *Le Recueil Trepperel: Les farces*, Genève, 1961, pp. 63-80.

13   [Antoine Jean Victor] Le Roux de Lincy et Francisque Michel [éds.], *Recueil de farces, moralités et sermons joyeux, publiés d'après le manuscrit de la Bibliothèque royale*, Paris, 1837, pièce 46.

14   Anatole de Montaiglon [éd.], *Ancien théâtre françois, ou Collection des ouvrages dramatiques les plus remarquables depuis les Mystères jusqu'à Corneille*, publié avec des notes et éclaircissements par M. [Emmanuel] Viollet le Duc, Paris, 1854-57, tome II, pièce 24.

15   Cohen [éd.], *Recueil de farces*, pp. 405-11.

16   A un degré plus abstrait le motif de la resurrection-renaissance est illustré dans la sottie par le *deshabillement* qui fait apparaître la livrée de folie sous l'habit qu'impose la convention sociale. C'est aussi le signe de l'entrée dans le hors temps de la fête. Mais il peut aussi avoir (notamment chez Gringore) une valeur inverse, dénonciatrice.

17 Le Roux de Lincy et Michel [éds.], *Recueil de farces*, pièce 39.

18 Viollet le Duc [éd.], *Ancien théâtre françois*, tome II, pièce 42.

19 Le Roux de Lincy et Michel [éds.], *Recueil de farces*, pièce 63.

20 Nous ne pensons pas contrairement à Emile Picot [éd.], *Recueil de Sotties*, tome III, pp. 45-77, que la *Sottie des Sobres Sotz* ait été jouée pour le Mardi Gras. Aucune allusion ne permet de le certifier pas plus que le fond de la pièce. Le propos du badin: 'Je seray tousjours franc et quicte ‖ *Comme* le jour du mardi gras' (vv. 180-1) n'est en fait qu'une comparaison pour qualifier sa nature: il est un niais qui ne sait rien cacher pas plus qu'on ne le fait pendant le cycle de Carnaval (et le texte ne porte pas: 'en ce jour'). Et la réplique du troisième sot: 'A ces jours sy y fault tout dyre ‖ Se qu'on sayt, on le prend a bien' (vv. 288-9), s'applique d'autant mieux à la fête des Innocents. La seule allusion qui pose un problème est celle que prononce le badin: 'Y fault bien parler aultrement ‖ De nostre siage; a quant esse?' (vv. 394-5). Mais *siage* ne renvoie pas néccsssairement, compte tenu du contexte (les sots sont des 'syeurs d'ais'), au sciage de la Vieille pour la mi-Carême.

Evidemment les sots se livrent à une revue générale qui rappelle celle des potins scandaleux du Carnaval; mais le personnage principal est un *badin* personnage propre à la fête des Innocents. D'autre part, lorsqu'au début de la pièce les sots se livrent à un duo de prédictions burlesques, l'un d'eux déclare: 'Ceulx qui espluchent le salpaistre ‖ Avront fort temps *l'annee qui vient*' (vv. 33-4).

21 *Cf.* la sentence qui clôt la *Sottie de troys gallans et un badin* (Picot [éd.], *Recueil des Sotties*, tome III, p. 344): 'Plusieurs sos de tel propos sont. ‖ Si pouer avoyent plus qu'i n'ont, ‖ Y feroyent chosses imposibles ‖ Qui ne sont pas a eulx posibles' (vv. 343-6).

22 C'était comme en témoignent les actes civils et juridiques une date importante. En Picardie il était marqué pas la Foire aux domestiques.

23 *Cf.* les toiles de Pieter Brueghel.

24 Il faut rattacher à ce schème le mannequin de paille qui est brûlé après procession et jugement burlesque, coutume que Arnold Van Gennep, *Manuel de folklore français contemporain*, Paris, 1937–, fait remonter au moyen âge, au moment de l'affranchissement des communes bourgeoises.

25 Schmidt [éd.], *Théâtre populaire*, pp. 113-35, cite un jeu réto-roman du Canton des Grisons, la *Dertgira nauscha*, qui consiste à faire comparaître devant un tribunal Dame Carême qui se plaint de Carnaval lequel est soutenu par un avocat commis d'office ce qui donne lieu à une plaidoirie et à un jugement burlesque. C'est là une structure folklorique que reprendra la sottie.

26 Selon Mikhaïl Bakhtine, *L'œuvre de François Rabelais et la culture*

populaire au Moyen Age et sous la Renaissance, Paris, 1970, la logique de l'envers aboutit à la valorisation du bas et du sexe (symboles de la renaissance de la vie).

27 Jean-Claude Aubailly [éd.], *Deux jeux de Carnaval de la fin du Moyen Age: La Bataille de Sainct Pensard à l'encontre de Caresme et le Testament de Carmentrant*, Paris-Genève, 1978.

28 Viollet le Duc [éd.], *Ancien théâtre françois*, tome II, pièce 29.

29 Cohen [éd.], *Recueil de farces*, pp. 283-6.

30 Cohen [éd.], *Recueil de farces*, pp. 309-15.

31 Cohen [éd.], *Recueil de farces*, pp. 197-202. Légier d'Argent est un vieux paillard déchu qui prête sa femme contre argent.

32 Cohen [éd.], *Recueil de farces*, pp. 43-50. Après avoir fait de leurs maris des 'veaulx' (des cocus) sur le conseil de Me Aliboron, les deux femmes les quittent en déclarant: 'Nous retourons après les festes' (v. 355). On retrouve le même thème et le même personnage dans la *Sottie des sots qui corrigent le magnificat* (Droz [éd.], *Trepperel: Sotties*, pp. 185-215), sottie-revue des faits scandaleux du jour.

33 Cohen [éd.], *Recueil de farces*, pp. 95-101.

34 Viollet le Duc [éd.], *Ancien théâtre françois*, tome I, pièce 10.

35 Viollet le Duc [éd.], *Ancien théâtre françois*, tome I, pièce 7.

36 Viollet le Duc [éd.], *Ancien théâtre françois*, tome I, pièce 8.

37 Cohen [éd.], *Recueil de farces*, pp. 159-64.

38 En la matière une farce comme le *Ramoneur de cheminées* (André Tissier [éd.], *La farce en France de 1450 à 1550*, Paris, 1976, tome II, pp. 79-126) peut être considérée comme un travestissement carnavalesque d'une farce de franc-archer.

39 *La Sottie des coppieurs et lardeurs* (Droz [éd.], *Trepperel: Sotties*, pp. 147-83), par exemple, pièce rhétorique, utilise deux coutumes de Carnaval ou de mi-Carême: Nyvelet et Malostru se moquent de Sotin et Teste-Creuse en leur attachant à leur insu des 'lardons' (morceaux d'étoffe?) dans le dos, et Sotin et Teste-Creuse se vengent en barbouillant Nyvelet et Malostru de suie, sur les conseils de l'Escumeur (ils les 'coppient').

40 Elle se termine par l'annonce de l'élection—selon la coutume—d'un nouveau roi, suivie d'une *monstre* générale 'l'esté qui vient' (sans doute en mai). Ici, la structure est l'aboutissement des jeux-tournées et des jeux-cortèges du folklore européen. (*Cf.* Schmidt [éd.], *Théâtre européen.*)

41 Intention analogue aussi dans *La Reformeresse* (Picot [éd.], *Recueil des Sotties*, tome III, pp. 155-68). Mais faut-il assimiler 'jours grands' et 'jours gras'?

42 Droz [éd.], *Trepperel: Sotties*, pp. 255-82.

43 Viollet le Duc [éd.], *Ancien théâtre françois*, tome II, pièce 38.

44 Aubailly, *Monologue, Dialogue et Sottie*, p. 291 sq.

45 Aubailly, *Monologue, Dialogue et Sottie*, pp. 301-2. Ici il y a détournement du procédé du deshabillement-résurrection tel qu'il est pratiqué dans
la *Sottie du roy des sots* (Picot [éd.], *Recueil des Sotties*, tome III, pp.
209-31) et d'autres. Généralement le deshabillement est une mise en liberté, une re-naissance; ici il est subverti pour devenir dénonciation d'un état.

46 De ce procédé on pourrait aussi rapprocher le masque à deux faces utilisé
parfois avec valeur signifiante dans la sottie comme celui de Gaultier qui,
dans la *Sottie des Sotz escornez* (Droz [éd.], *Trepperel: Sotties*, pp.
315-38), 'en lieu d'une testiere ‖ Une tour a a deux visaiges' (vv. 400-1).
Le masque symbolise alors l'ambiguité de Carnaval en soulignant la di-
chotomie de l'être et du paraître.

47 Pour d'Héricault et Montaiglon, il est le 'représentant de cette sottise qui
pousse les esprits élevés en même temps que les imbéciles à sortir des
habitudes de la vie vulgaire'. Donc l'allégorie de l'esprit de la fête. (*Cf*.
Pierre Gringore, *Œuvres complètes*, Charles d'Héricault et Anatole de
Montaiglon [éds.], Paris, 1858-77.)

48 Désir qui est maintes fois souligné. '*Seigneur de Joye*: Joyeuseté faire
convient ‖ En ces jours gras: c'est l'ordinaire.'

49 La structure du jeu-combat de Carnaval est d'ailleurs une structure signifiante courante du théâtre populaire: André de la Vigne l'utilise dans sa
moralité polémique du *Nouveau monde avec l'estrif du pourveu et de
l'ellectif* (Werner Helmich [éd.], *Moralités françaises*; réimpression fac-
similé de vingt-deux pièces allégoriques imprimés au XVe et XVIe siècles,
Genève, 1980, tome III, pp. 315-72). On a toujours recours à elle pour
emporter insidieusement l'adhésion du public dans un sens déterminé.

50 Cohen [éd.], *Recueil de farces*, pp. 79-82.

51 Cohen [éd.], *Recueil de farces*, pp. 9-20.

52 A Paris, la plantation du "mai" (par les clercs de la Basoche) avait lieu le
dernier samedi du mois.

53 Belmont, *Mythes*, p. 81.

54 *La Sottie des sotz nouveaulx farcez couvez* (Picot [éd.], *Recueil des
Sotties*, tome II, pp. 175-97) a un caractère carnavalesque marqué; et la
seconde, la *Farce des enfans de Borgneux* (Cohen [éd.], *Recueil de
farces*, pp. 211-7) que son caractère ne permet guère de rattacher à un autre cycle que celui de Carnaval, compte tenu de la revue qui y est faite de
la petite vertu des filles du pays, a été représentée avant Pâques (*cf.* v.
254 sq).

55 Cohen [éd.], *Recueil de farces*, pp. 57-66.

56 Cohen [éd.], *Recueil de farces*, pp. 67-77.

57 Cohen [éd.], *Recueil de farces*, pp. 187-95.

58 Cohen [éd.], *Recueil de farces*, pp. 171-7.

59 Le mari Gaultier dans la *Farce des Amoureux qui ont les bottines Gaultier* (Cohen [éd.], *Recueil de farces*, pp. 67-77) fait bien partie de la confrérie des martyrs en ménage dont la fête est en mai. N'avoue-t-il pas en parlant de sa femme: 'C'est celle de nostre maison ‖ Qui joue les jeulx, mais quoi? j'endure' (vv. 486-7).

60 Cohen [éd.], *Recueil de farces*, pp. 113-22.

61 Elle comporte de nombreuses allusions au Collège du Cardinal Lemoine dont les écoliers conseillent de battre les femmes pour leur faire tomber le caquet (vv. 42, 49 et 126-9), à la Faculté des Arts et à l'Université (vv. 91, 101 et 105).

62 Lequel d'ailleurs est le symbole de l'autorité incontestée de la femme (et de la prééminence dans le ménage). *Cf.* la *Farce du chauldronnier* (Tissier [éd.], *La farce en France*, tome I, pp. 97-123) où la femme s'écrie: 'Victoire et domination ‖ Et bonnet aux femmes soit donné!' (vv. 56-7).

63 '*Route-Gorge*: Et dea! Maistre Verdier, vrayment ‖ Reverdi comme vert montant ‖ vous farcez donc?' Et plus loin: 'Ah! Verderel ‖ Comme sont ces rouses de May ‖ Vous vous donnez beaucoup d'esmoy [jeu de mot pour évoquer le "mai" individuel?] ‖ Pour cella qui point n'y panse'; et Cuider apporte 'esbatz pour appeler les jeunes gens'. (Edouard Fournier [éd.], *Le théâtre français avant la Renaissance (1450–1550): Mystères, moralités et farces*, Paris, 1872, pp. 130-47.)

64 Le terme même de *gallant* vient peut-être d'un désir d'adéquation au caractère du cycle des sotties jouées en mai.

65 *Cf.* les propos des deux sots qui ouvrent la *Folie des Gorriers*, Picot [éd.], *Recueil des Sotties*, tome I, pp. 143-7, et le *cri* de *Folle Bobance, ibidem*, pp. 241-2.

66 C'est un jeu très court où le rôle de chaque acteur, Mère Folie, deux fols et deux vignerons, se limite à une seule réplique. C'est en fait une sorte d'ouverture de rejouissances festives.

67 Cohen [éd.], *Recueil de farces*, pp. 379-83.

68 La farce calendaire procure l'évasion du quotidien et la sottie y ramène: mouvement inverse. Ajoutons ici que c'est peut-être le glissement à l'intérieur de la fête qui explique la confusion—peut-être volontaire parfois—des termes génériques *farce* et *sottie*. Sottie par sa finalité, la pièce devient farce dans le contexte festif.

69 Les jeux-tournées et les jeux-cortèges aboutissent à la sottie-revue; les jeux-combats et jeux-dispute à la sottie-séance de tribunal. D'ailleurs les éléments de base du théâtre folklorique européen, cortège, débat et dispute sont les éléments de base des structures de sotties.

70 Le caractère très rhétorique de certaines sotties incite à le penser: elles traduisent au moins l'effort d'une *élite cultivée* pour agir *sur* le peuple.

64

Magical Transformation:
A Folk Tale Motif in the Farce

Alan E. Knight

Magical transformation from one state to another or from one species to another is a common motif in myths, fairy tales, and other genres in which contact with supernatural powers is taken for granted. The world of myth is characterized by a cosmic struggle between the forces of order and chaos, light and darkness, or good and evil. It is a world in which the gods frequently transform themselves into other beings in order to achieve their goals. The fairy tale is a folk analogue of the mythical world, in which the gods have been replaced by human heroes and villains, and in which divine power has been transmuted into magic. Characters, however, still have the power to transform themselves into different beings. Vladimir Propp, in his study of the Russian fairy tale, lists several types of such magical transformation. Villains may transform themselves in order to deceive or may transform others in order to seize or expel them; pursuers may transform themselves in order to capture or kill the hero; and heroes may transform themselves into unrecognizable objects in order to escape capture.[1] The fairy tale world, however, is so imbued with magic that extraordinary events like magical transformations are expected and seem almost natural.

The world portrayed in the farce is quite different. It is a fallen world that has lost all connections with the supernatural, in which, as a consequence, magic is virtually non-existent. It is a world peopled by tricksters and their victims, who act only out of self-interest or stupidity. Though the farce as a dramatic genre absorbed many folk elements, motifs involving magic could not be incorporated into comic plays without first being rationalized or neutralized. This is because there is no power in the farce world beyond that of the characters themselves. Thus, when transformations occur in a farce, instead of taking place by magic, they take the form of sudden character shifts or extravagant disguises. Such unexpected changes may be improbable or even fantastic, but they are not magical. Still, there is one late medieval French farce in which a transformation does take place by magic. I would like to examine that unusual case, along with its more realistic analogues, in order to understand how farces adapted and conventionalized the folk tale motif of magical transformation.

Shakespeare, who never lost touch with folk traditions, provides us with a clue to the function of such transformations in the theatre. In *Henry IV*, Part Two, the prodigal Prince of Wales and Poins are plotting to spy upon Falstaff. Poins suggests that they disguise themselves as tapsters in order to observe him unseen. The Prince replies:

> From a God to a bull? a heavy descension! it was Jove's case. From a
> prince to a prentice? a low transformation! that shall be mine, for in
> every thing the purpose must weigh with the folly. (II, 2)

Thus parallel to the mythical transformation of Jove is the theatrical disguise of the Prince, a low transformation devoid of magic. In both cases the hero transforms himself not to escape a pursuer, as in a fairy tale, but to achieve a goal through disguise and deceit. In both cases, as well, the proximate goal—the rape of Europa and spying on Falstaff—may seem trivial and foolish, but the ultimate goal—the manifestation of divine or royal authority—makes the purpose equal to the folly.

The number of such transformations in late medieval French farces is great and their forms are diverse. In regard to who is transformed, characters most often change themselves by disguise in order to deceive their victims; but in some cases, as we shall see, it is the victim who is transformed. In regard to the end result, there are three types of transformation. Sometimes a character assumes the identity of a person of equal status, in which case we may call it a parallel transformation. More often, though, the change or disguise involves a descent to a lower status, which is the low transformation mentioned above. In addition, there are a few cases of high transformation, as will be noted. Because the farce is a genre in which there is no external moral authority, we cannot expect to find the same kind of ultimate purpose behind these transformations that we noted in the Jovian myth and the Shakespearian history play.

The low transformation of which Prince Hal speaks occurs when characters change themselves or are changed by others into beings of a lower order. Given the rather low status of farce characters to begin with, this is hardly a "heavy descension" as it was for Jove, but it is a low transformation nonetheless. Most such metamorphoses are effected by disguises, but not all. To illustrate, let us examine the varieties of low transformation that are found in the farces. In *Trois amoureux de la croix*[2] three men protest their undying love for a woman who has no interest in their amorous designs. She gets rid of them by telling each man separately to disguise himself and meet her later at a roadside cross or shrine. The first is to come as a priest, the second as a dead man, and the third as a devil. When the would-be lovers converge at the cross, each is filled with fear at the sight of the others. Their ensuing scramble to save themselves from the powers of "evil" produces a classic scene of comic chaos. In this trio of disguises, that of the priest is a parallel transformation, but the disguises of dead man and devil represent lower orders of being and thus are low transformations.

Devil disguises are not uncommon in the farces. The priest-lover in *Martin de Cambray*[3] transforms himself into a devil and spirits Martin's wife away for an amorous tryst. The lover in *Le Retraict*[4] unwittingly assumes a devil disguise in a moment of crisis. Trapped in the privy of his beloved's house by her husband's unexpected return, he puts his head through the privy seat to muffle a fit of coughing. Then finding his head stuck, he rips the seat from its moorings and, in an act of sheer desperation and bravado, runs out of the room hurling infernal shouts at the terrified husband, who thinks he has seen a devil.

In the preceding examples the characters transform themselves in order to deceive others, though the would-be lovers end up as the victims of a deception. There are other farce characters who are victims of low transformations perpetrated by tricksters. Mahuet, in the farce of *Mahuet qui donne ses oeufs*[5], is a naive and stupid peasant boy, whose mother sends him to the market in Paris to sell their eggs. While there, he is the victim of several tricks played by a city slicker, including having his face blackened. On his return home, even his mother fails to recognize him and, taking him for a devil, calls on God and the saints to protect her. Mahuet, unaware of his low transformation, is completely befuddled by his sudden loss of identity. He finally decides to return to Paris to see if he can find himself again.

Another case of low transformation involving the problem of identity is the farce of *George le veau*.[6] George, according to his wife, is 'ung badault sans nulle science'. He has long attempted to determine who he is in terms of his ancestry, but he is not even sure of being a son of Adam. His wife and her lover, the parish priest, find him a willing victim of their machinations. George is in the church one day, when he hears what he takes to be a voice from heaven, instructing him to obey his wife in all things. He is then given a celestial garment to wear that will reveal his identity. (The priest has enlisted his assistant to carry out the deception.) On his return home, George's wife pretends to take him for a devil and calls the priest to exorcize him. In the course of the ritual, the calf's ears on the hood of the heavenly garment reveal George to be a 'veau'. (Cotgrave picturesquely translates *veau* as 'hoydon, dunce, jobbernoll, or doddipole'.[7]) George is naively happy to have found his identity, but he has further to descend in his low transformation. His wife, Alyson, points out that calves walk on four feet, and George obediently drops to his hands and knees, from which position he pleads:

> Alyson, je vous cry mercy.
> Plus n'aurez de sçavoir soucy
> Qui je suis; je suis filz de vache.
> Et si n'ay mesfaict, que je sache,
> Si ce n'est a ce cas de crime
> Que je n'ay pas payé la disme
> Des veaulx envers nostre curé.   (p. 400)

In a scene reminiscent of the judgement of the ass in La Fontaine's *Animaux malades de la peste*, both the wife and her lover agree that the tithe must be paid and that George himself will be the 'veau de disme'. (Cotgrave translates: 'a notable sot, a blockhead, a notorious lobcock'.) The characters then form themselves into a small procession that moves slowly offstage to the place of ritual sacrifice. Even for a genre like the farce that never hesitated to parody sacred rites, the scene is striking:

> GEORGE LE VEAU
> Plus George ne suis, mes amys;
> J'ay pire nom que esperit d'abisme.
>   LE CURE
> Or allons! Sus, gros veau de disme!
> A quatre piedz vous fault marcher.
>   LE CLERC
> Je voys au devant du boucher;
> Qu'il apporte son grant cousteau.
> GEORGE LE VEAU
> Helas! C'est faict du pouvre veau;
> Voicy l'heure de son trepas.
> Alyson, ne me oubliez pas.   (pp. 400-1).

George has been transformed not only into a calf, but also into a scapegoat that is to be ritually slaughtered for the misdeeds of others. The change in the victim is so profound that one might suspect the deceivers of using magic to bring it about. In reality, however, the playwright has rationalized the transformation, removing its supernatural dimension, by his ingenious use of verbal and visual puns. Still, George's low transformation is so effective that it must have invited the original spectators to lay all their fears and anxieties on the back of this meek little clown in a powerful moment of comic catharsis.

As a final example of low transformation, an examination of *Les Femmes qui se font passer maistresses*[8] will prove instructive. Maistre Regnault arrives in Paris with authority from the Pope to grant Master's degrees, or rather Mistress's degrees, to the wives of the city. Alison and her friend easily pass the examination for the degrees by demonstrating how they have kept their husbands in subjection for years. They are then awarded the *bonnet rond* of the University of Paris and are proclaimed *maistresses* not only in the university, but especially in their own households. Moreover, if husbands do not measure up to expectations, the new degree gives wives the right to exchange them for new husbands. Alison's spouse, Martin, is shown to be a spineless fop who tries desperately to please his wife by adopting all the latest fads in dress. Despite his efforts, however, Alison still finds him to be too old and dried up to suit her. She attempts, therefore, to restore life to his desiccated body by planting him head down like a leek, so that his stalk ('queue') will become green again. All agree that 'La queue verte est bien prisee' (1. 632). The scene is a literalization of the expression 'planter là pour reverdir', which, according to Cotgrave, means to leave someone in a place or situation to shift for himself. Thus, after watering Martin thoroughly, Alison leaves him in the ground and goes off in search of greener gardens.

Martin's low transformation from man to plant is strongly reminiscent of the magical transformations of myths and folk tales. In reality the farce is an echo of the folk customs surrounding the first day of May. The action of the play, which takes place 'en ce moys de may' (1. 570), is a parody of the planting of the May tree. It is also a farcical representation of the temporary reversal of marital authority that was the basis of the medieval *amour de mai* traditions.[9] Such folk traditions were themselves vestiges of ancient erotico-magical ceremonies that accompanied the return of spring. It is noteworthy that Martin makes such a desperate effort to obey and please his wife, the new *maistresse*, that he imagines the magic to be working: 'Je croy que mes dois fleuriront; || Je sens bien venir les fleurettes!' (ll. 641-2). But his imagination is playing tricks on him, because he cannot be renewed. Unlike the world of comedy, in which the renewal of spring brings about a new order founded on love and the promise of fecundity, the farce world is a sterile enclosure, in which an endless cycle of desire and deception is played out.[10] Martin is just another victim of a low transformation, in this case to a desiccated plant that no amount of watering will cause to flourish. He becomes aware of the fact at the end: 'Comment, seray je tousjours sec? || Par ma foy, je croy que ouy' (ll. 657-8).

The farces that we have examined so far belong to the carnival world of deceit, disguise, folly, and topsy-turvydom. The Mayday farce, especially, incorporates the carnivalesque theme of reversed roles and turns the rejuvenation motif on its head, as it were. Traditionally, however, out of the carnival world of misrule and riot comes ultimately the establishment of a new order, along with the renewal of life in both nature and society. Turning again to Shakespeare, we find that the major theme of Part Two of *Henry IV* is not a low, but a high transformation. When the prodigal prince is transformed into a majestic king, there is a concurrent rejuvenation of kingship, in the course of which the ruler of the realm is transformed from an ailing, guilt-ridden old man (Henry IV) to a young, confident, vigorous king (Henry V). At the same time, Falstaff, the carnival king of misrule, is judged inimical to the new order and is banished.

Though one never finds the world renewed in a farce, one does find transformations from a lower to a higher state. Such changes are usually patterned on the cycle of rebirth and rejuvenation in the natural world. One of the principal rebirth motifs in myths is resurrection, modified forms of which reappear as various types of resuscitation in both folk tales and mummers' plays. The passage from death to life is indeed a high transformation, which can be understood as literally happening in more serious genres. In the farce, however, such transformations are illusory. There are two late medieval French farces based on the resurrection motif. In neither do we see the event itself, since the genre normally does not incorporate magic or the supernatural. In *La Resurrection de Jenin Landore*[11], Jenin's wife is lamenting his death, when he suddenly reappears. The remainder of the play is largely a series of jokes about the strife and bickering that he has seen among the saints in heaven, which makes heaven itself an extension of the farce world. Yet we realize that Jenin's death in the first place was not real, but only the comic death of a clown, when the priest says: 'Quand il estoit ensepvely, ‖ Il demandoit au clerc a boire' (p. 21). Thus once again a farce playwright has taken a folk tale motif and rationalized it to fit the farce world. The same can be said for *La Resurrection Jenin a Paulme*[12], where the hero reappears, this time from hell. Tales of the underworld, however, have no part in the play. Instead, Jenin and his friends decide to found an abbey to receive all those who are resurrected from the dead. With its predominant themes of eating, drinking, singing, and passing wind, it is clearly a carnival play that can be associated with the folk customs of Candlemas (February 2) and the feast of Saint Blaise (February 3). On the first date hibernating bears were reputed to come out of their lairs and pass wind. On the second date throats were blessed, keeping them open for eating, drinking, and singing, but flatulent foods were forbidden.[13] Again, the farce has naturalized a supernatural motif.

The motif of rejuvenation provides us not only with another type of high transformation, but also with what is perhaps the only example of magical transformation to be found among these farces. First of all, we can dismiss *La Fontaine de jouvence*[14] as belonging to this category, since it involves neither a fountain nor magic, but only the low transformation of a *villain* by a trickster.

It is in *Les Femmes qui font refondre leurs maris*[15] that we find the rare example of magical transformation. Two young women are married to two old men. The latter are wealthy and generous, giving their wives every material thing they could desire, as well as great freedom to come and go as they please. The men's lack of youthful virility, however, renders all such advantages worthless in the eyes of the women. Recently arrived from a foreign land is a metal founder, whose skills, such as casting bells and cauldrons and cooking pots, are useful in many places.

> Mais sur tous j'ay une science
> Propice au pays ou nous sommes:
> Je sçay bien refondre les hommes
> Et affiner selon le temps;
> Car ung vieillard de quarante ans
> Sçay retourner et mettre en aage
> De vingt ans, habille et saige,
> Bien besongnant du bas mestier.   (ll. 188-95)

When the women learn of the metal founder's unusual ability, they waste no time in convincing their husbands to submit themselves to his skills. Though the founder warns the women that they will regret their action, they urgently insist that he carry out the operation, and the men step into the furnace of unusual powers. The transformation takes place slowly, giving the women much anxiety, but finally out of the furnace come two young, handsome, virile men. The wives are delighted with their new husbands, until they realize what they had failed to consider before. Along with youth comes a very different character. The women now find themselves married to men who are strong and demanding masters of their own households. Naturally, they are horrified by this turn of events and quickly ask the founder to return their husbands to their former state. This he cannot do; besides, they would never consent. The most he can do is to give them advice:

> Passez vostre melencolye
> Le plus doulcement que pourrez.

Prenez pacience et souffrez,
Puis que n'avez voulu rien croyre.   (ll. 585-88)

In the physical rejuvenation of the husbands and in their sub-
sequent restoration as masters of their own households we find
comic analogues of the serious themes of renewal and return to
order that we noted in *Henry IV*, Part Two. The magic, however,
is an anomaly. We have seen that when magical transformations
are brought from the folk tale world to the farce world, they are rationalized or replaced by more plausible actions such as disguises
or sudden character changes. Indeed, these two elements are seen
in this case as changes of costume and demeanour. But the transformation in the magic furnace is an apparent case of folk tale
magic being transposed unaltered to the farce. Does this mean that
the farce world is, after all, receptive to magic and that there are supernatural powers for farce characters to exploit? Such a possibility cannot explain the anomaly without creating more problems
than it solves. We must therefore look for a more plausible explanation.

One thinks of the farce as a dramatic genre in which the primary actions are deceit and trickery and in which the basic attributes of the characters are degrees of cleverness or stupidity. Thus
tricks succeed or fail in the farce world solely on the basis of the
degree of cleverness of the characters involved. This is in fact a
well-known axiom of the farce: 'à trompeur, trompeur et demi'.
Magic is therefore out of place in such a world because the characters have only their own resources to call upon. In *Les Femmes
qui font refondre leurs maris*, these basic traits of the farce world
are very much in evidence. The wives, who believe themselves to
be clever, are shown to be stupid because they forgot another axiom of the farce world—that virility and authority always go together. (The fact is demonstrated by the frequently encountered
double entendre of the *bâton*.) The metal founder does not use
his magic to trick or deceive anyone. In fact, he warns the women
several times that they will regret their decision. The magic is

therefore secondary to the main action of the play; it is a theatrical device to bring the women's stupidity into greater relief. Indeed, it is not serious magic, but comic magic; it is a device that enables the playwright to say "What if ...?".

In his opening speech the metal founder declares that he has skills that are useful in many places, but beyond those skills, he says, 'j'ay une science || Propre au pays ou nous sommes' (ll. 188-9). Because he is speaking directly to the audience, the 'nous' is a gibe at the husbands in the area who allow their wives to rule them. But it also refers to the farce world in which both players and spectators find themselves for the duration of the play. It is an upside-down world in which the folly of reversed and distorted values is so deeply entrenched that it will require the drastic measure of magic to set it right. Farce playwrights made frequent use of the character combination of young wife and old husband, both because it was a popular topos and because it made possible the introduction of the lover without explanation. In this case, however, the playwright devised a new way to treat that plot by combining the old husband and the young lover in the same character. Just as the metal founder briefly steps outside his fictional character to address the audience in his monologue, so the playwright steps outside the bounds of the farce world to introduce an ironic twist to a conventional situation. Thus, by using the furnace as an ingenious stage device for changing costumes and demeanour, rather than as an integral function of the plot, he is able to incorporate a magical transformation in a farce without violating the norms of the farce world.

Notes

1   Vladimir Propp, *Morphology of the Folk Tale*, Austin, 1968[2], chapter 3, passim.

2   Gustave Cohen [ed.], *Recueil de farces françaises inédites du XVe siècle*, Cambridge (Mass.), 1949, pp. 57-66.

3   Cohen [ed.], *Recueil de farces*, pp. 317-26.

4   André Tissier [ed.], *Recueil de farces (1450-1550)*, Geneva, 1986–, vol. I, pp. 177-242.

5   Cohen [ed.], *Recueil de farces*, pp. 303-8.

6   Anatole de Montaiglon [éd.], *Ancien théâtre françois, ou Collection des ouvrages dramatiques les plus remarquables depuis les Mystères jusqu'à Corneille*, publié avec des notes et éclaircissements par M. [Emmanuel] Viollet le Duc, Paris, 1854-57, vol. I, pp. 380-401. The quotations from this play have been taken from Halina Lewicka's facsimile edition of *Le Recueil du British Museum*, Geneva, 1970. In the first line of George's speech below, 'crie' has been corrected to 'cry' in order to restore the metre. The word 'esperit' in the second line of the second quotation is pronounced in two syllables. Playwrights often wrote the word in this way long after the middle syllable had been dropped.

7   Randle Cotgrave, *A Dictionarie of the French and English Tongues*, London, 1611 [rpt. Columbia, S. C., 1950].

8   Cohen [ed.], *Recueil de farces*, pp. 113-22.

9   René Nelli, *L'Erotique des troubadours: Contribution ethno-sociologique à l'étude des origines du sentiment et de l'idée d'amour*, Toulouse, 1963, pp. 36-7.

10 Alan E. Knight, *Aspects of Genre in Late Medieval French Drama*, Manchester, 1983, p. 61.

11 Viollet le Duc [ed.], *Ancien théâtre français*, vol. II, pp. 21-34.

12 Cohen [ed.], *Recueil de farces*, pp. 405-11.

13 Claude Gaignebet and Marie-Claude Florentin, *Le Carnaval: Essais de mythologie populaire*, Paris, 1974. The connections among these themes are revealingly analysed in chapter 7, 'La Circulation des souffles'.

14 Emile Picot [ed.], *Farce inédite du XVIe siècle*, Paris, 1900; extracted from *Bulletin du Bibliophile*.

15 Tissier [ed.], *Recueil de farces*, vol. VI, pp. 113-82.

Les Eléments Folkloriques dans le Théâtre d'Adam de la Halle

J. Charles Payen

Le présent exposé vise moins à recenser les éléments folkloriques dans le *Jeu de la Feuillée* et dans le *Jeu de Robin et Marion* qu'à s'interroger sur leur fonction dramatique et idéologique. Adam de la Halle se réfère à des motifs (la rencontre printanière), à des genres (la pastourelle), à des croyances (les fées) qui participent sinon d'une réelle culture populaire, au moins d'une culture popularisante qui ne saurait intervenir dans le texte selon des modalités arbitraires. Plus généralement, la littérature vernaculaire, quand elle sacrifie au folklore, exprime ainsi sa volonté d'enracinement dans un terroir.[1] Est-ce le cas des deux œuvres que je vais examiner? En ce qui concerne le *Jeu de Robin et Marion*, ce souci d'enracinement semble ne faire aucun doute, mais encore faut-il tenter de comprendre pourquoi le poète s'est-il complu à un sujet rustique; et quant au *Jeu de la Feuillée*, le problème est plus complexe encore, ne serait-ce que par l'ambiguïté des références qu'il contient, et qui trahissent peut-être plus une réaction de rejet qu'une sympathie latente à l'égard du folklore. Comment Adam de la Halle traite-t-il les éléments qu'il emprunte à la culture populaire? Et quel sens donne-t-il à sa démarche? Telles sont les deux questions auxquelles je vais m'enforcer de répondre.

Les éléments folkloriques dans les deux pièces
1) *Le Jeu de la Feuillée.* Une première difficulté apparaît dès la limitation du sujet. Faut-il considérer comme "folklorique" la critique des maris dominés? Ils étaient sanctionnés par le charivari; on les promenait à l'envers sur un âne, etc. A Arras, on les range-

ait d'office dans la "confrèrie des Audouins" dont le poète Robert le Clerc aurait longtemps été, et bien malgré lui, le triste doyen.[2] Sans me perdre dans ces préalables, je préfère m'en tenir à trois rubriques: les monologues d'Adam sur Maroie, le thème de la folie et le festin des fées. La justification de ce choix procédera de mon commentaire même.

a) *Les monologues sur Maroie.* Le poète y relate comment il s'est épris de celle qui allait devenir sa femme, et comment il est désormais désabusé de sa passion première. Il s'attarde sur la description du printemps, et sur le lieu de la rencontre: une source dans un bois. Ici donc, le motif du coup de foudre au bord de la fontaine. L'apparition d'une créature de rêve, transfigurée par l'intense attente de l'amour que vivait alors Adam lui-même. Et toute la nostalgie d'un souvenir radieux ...

b) *Le thème de la folie.* Avec lui s'engouffre dans le texte tout un folklore urbain. (Déjà constitué? Ou en voie de constitution?) Plus que le *dervé*, c'est le niais Walés qui prend alors en charge le personnage du bouffon dont l'attribut est la boule de fromage: si pertinente que soit à cet égard l'analyse de Ph. Menard lorsqu'il démontre que le fromage est la nourriture des sots, je persiste à voir dans sa présence ici la parodie du globe de majesté que détiennent les rois.[3] Et le discours de Walés sur la répression dont seraient victimes les bons ménéstrels à Arras (de même d'ailleurs que le discours du *dervé* contre le prince du puy Robert Sommeillon et contre les poétaillons qu'il protège), en s'autorisant de l'irresponsabilité qui s'attache à la parole démente, permet l'énoncé d'une critique qui passe outre toutes les censures. La folie urbaine (celle des confréries de fous, si toutefois elles existent déjà) est dans cette perspective le véhicule d'un contre-pouvoir (et peut-être aussi d'une contre-culture, s'il faut suivre Mikhaïl Bakhtine dans sa quête d'une contestation culturelle des modèles en vigueur, contestation qui passerait par le ventre, le sexe et la défécation: *cf.* la scatalogie et l'obscénité qui déferlent au cours de ces scènes dans le texte du *Jeu*).[4]

c) *Le festin des fées.* Il s'inscrit dans le cadre des fêtes de mai, au moment où se ravigorent les forces de la nature; dans l'alternance des phases d'austérité (avent, carême, moisson) et des phases d'abondance (Noël, carnaval, vendanges), le mois de mai est celui de la joie amoureuse et du retour à la féminité. Les fées sont d'autre part celles qui veillent intemporellement sur la destinée des hommes. Elles leur attribuent des dons heureux ou maléfiques selon qu'ils ont respecté ou non le protocole qui est dû à leur susceptibilité redoutable (*cf.* les "ponts aux fées" dans les pays celtiques: ne pas saluer en passant celle(s) qui préside(nt) au franchissement de la rivière est attirer sur soi de redoutables déboires). Adam de la Halle reçoit le double don d'aimer et de chanter, mais aussi la malédiction de ne pouvoir assumer la rupture nécessaire à sa réintégration en clergie. Et la séquence se déroule dans un contexte doublement inquiétant: évocation de l'infernale 'maisnie Hellekin' que nul ne peut rencontrer sans mourir[5], présence de la roue de Fortune qui élève au pinacle tel qui est indigne de sa promotion alors que les meilleurs sont précipités dans l'abîme. Sous le rire et la comédie, perce ici comme une note grave et chargée d'angoisse.

2) *Le Jeu de Robin et Marion.* Les choses sont ici plus claires. Le poète choisit comme matière (au niveau de l'*inventio*) un milieu rustique avec son langage, ses jeux, ses valeurs propres. La pièce procède initialement de la pastourelle (tentative de séduction d'une bergère par un chevalier), et la pastourelle participe d'un registre popularisant, comme la plupart des chansons narratives médiévales.[6] La musique, puis la danse, se réfèrent à la fête paysanne (même si leur facture est ici très élaborée). Image mystifiante et pastoureaux d'opérette? La question n'est pas là. Ce qu'est la vraie culture populaire au treizième siècle nous échappera toujours, faute de documents qui soient de première main. Ce que nous saisissons est une certaine image du "vilain", mais cette image est d'ores et déjà révélatrice: si déformé que soit le miroir, il permet de percevoir sinon les êtres, au moins les mythes qu'ils

déclenchent. Ce qui nous ramène à la question fondamentale: pourquoi cette fascination, cette fois sans réticences, qu'exerce la simplicité campagnarde sur le poète et sur son public? Et tout d'abord, comment Adam traite-t-il sa matière, en fonction de ses projets successifs?

La mise en théâtre des éléments folkloriques
1) *Le Jeu de la Feuillée*. Sous l'apparente confusion du texte, qui semble aller au hasard (c'est l'entrée du moine, sans préparation aucune, qui provoque l'irruption de la folie sur la scène), se devine une progression constante: le poète cesse peu à peu d'être le protagoniste et cède en quelque sorte la place à la ville d'Arras qui devient le personnage principal; la critique d'autre part se fait de plus en plus vive et de plus en plus politique ... J'énonce ici trop brièvement les conclusions d'une longue méditation sur le *Jeu*, et j'espère qu'un jour une démonstration détaillée sera publié de ce que j'avance. Mais ce que je veux pour l'instant mettre en lumière, c'est l'ensemble des rapports sous-jacents entre les monologues sur Maroie, les séquences sur les fous et le festin des fées. Le recours au folklore, dans le *Jeu de la Feuillée*, n'est ni incohérent ni arbitraire, et retrouve une certaine rigueur quand on analyse le dessein du dramaturge.

a) *Les monologues sur Maroie*. J'ai souligné ailleurs[7] qu'ils opposaient le "naguère" (*adont*) du sortilège et le "maintenant" (*or*) du désenchantement, par une constante confrontation de l'être et du paraître où d'ailleurs le poète s'embrouille et se trahit. Maroie *était* une enchanteresse; elle *semble* désormais flétrie et acariâtre au regard d'Adam qui, parfois, se reprend, comme s'il s'apercevait que son écriture va à l'encontre de ses dires: alors il corrige son propos et inverse le système; Maroie semblait ravissante, elle est devenue moins belle, "je" la vois fanée ... et le discours précédent revient comme à l'insu de son énonciateur.[8] La marge d'écart est, il est vrai, fort étroite entre splendeur et déchéance lorsqu'il s'agit d'appréciations subjectives: Maroie était blanche et vermeille, elle se révèle pâle et *sore*[9], mais légère est la

différence entre blancheur et pâleur, teint fleuri et touches de cou-
perose. Adam force la note. Il se persuade laborieusement de son
désamour. Il procède en bon écolier, décrivant sa femme de la tête
aux pieds, dans l'ordre qu'imposent les *artes scribendi*. Avec
une indiscrétion gourmande sur les détails intimes[10]: érotisme ap-
pliqué d'intellectuel, quand la vraie chanson populaire de rose et
de jardin ...

   b) *Adam et le "dervé"*. Dans cette "Folie" qu'est *la Feuillée*, le *dervé* prend en charge, pour ainsi dire, la folie individuelle
du poète et la folie collective d'Arras. J'ai déjà développé ailleurs
le premier point[11]: le poète projette sur le fou la violence qu'il
voudrait exercer à l'égard de son propre père; les derniers mots du
fou ('Alons, je sui li espousés') prennent acte de la démission
d'Adam qui ne quitte pas sa femme et qui suit maître Henri à la
taverne à l'heure même où il prétendait enfin être adulte.[12] Le second point est moins clair: si le *dervé* métaphorise la démence arrageoise, c'est je crois par sa mégalomanie, lorsqu'il se prétend
roi (en jouant sur le mot *raine*, qui signifie "grenouille"), puis se
déclare 'mieux prince' que n'est Robert Sommeillon.[13] Cette mégalomanie n'est-elle pas comparable à celle des clercs bigames qui
s'affrontent au pape, voire à celle du patriciat qui se croit installé
in aeternum dans sa toute puissance? Au point que je me demande si, en campant cette figure, Adam de la Halle ne pense pas à la
fête des fous et à l'élection, en pleine église, d'un singulier contre-
évêque éphémèrement doté de tous les pouvoirs, pour mieux se
moquer des puissants en place. Mais l'individuel, dans le *Jeu de
la Feuillée*, prévaut tant sur le collectif que le poète est comme
contraint de revenir à ses propres obsessions: c'est le fou qui met
le doigt sur l'essentiel quand il accuse de bigamie le clerc incertain
qui lui fait face; et il est vrai que la bigamie est bien pour Adam le
problème essentiel, quand il se voit déchiré entre un retour même
provisoire à la vie religieuse et les obligations d'une loi de mariage
qui lui interdit de quitter Maroie ...[14]

   c) *Féérie et poésie courtoise*. Le mariage est pour le poète
une tunique de Nessus. Qui pis est, l'amour est associé par les

"bonnes" fées au talent poétique, autre malédiction. Adam est tout naturellement bon faiseur de chansons parce qu'il est amoureux: relation de fait entre *amar* et *chantar* qui s'inscrit dans la stricte tradition troubadouresque. Tel est la poids de ce poncif qu'il m'amène à douter de la sincérité dont l'auteur ferait preuve ici: entre la tendresse du *Congé* et la dérision du *Jeu*, la distance est énorme, mais le genre du *Congé* implique une confession sincère qu'exclut l'objectivité du théâtre.[15] Toujours est-il qu'aimer et chanter sont pour le poète les impératifs d'une fatalité qui ne se conjure pas, et le troisième don (l'échec de toute rupture) s'avère étroitement lié aux deux premiers dont il est la conséquence nécessaire. Les trois fées sont des Parques redoutables, et point seulement parce que Morgue a mauvaise réputation dans le roman arthurien, ni parce qu'elle doit se fiancer à Hellekin après avoir suivi dame Douche dans ce que je crois être une séance de magie noire. Les fées symbolisent aussi l'imaginaire poétique avec ses fascinations et ses dangers, à l'heure où la poésie n'est plus le chemin de la gloire, mais celui de la perdition: grave crise littéraire que celle de la fin du treizième siècle, lorsque la communauté (chevaleresque ou bourgeoise) cesse d'entretenir ses porte-parole et que ceux-ci n'ont pas encore trouvé leurs mécènes princiers.[16]

2) *Le Jeu de Robin et Marion.* Alors que, dans le *Jeu de la Feuillée*, le recours au folklore s'opère sur un registre grinçant et s'empêtre dans un processus quasi psychodramatique, il se révèle comme apaisé et dépersonnalisé dans le *Jeu de Robin et Marion*, peut-être parce qu'Adam de la Halle a résolu ses problèmes en entrant au service du comte Robert d'Artois qu'il a suivi en Italie. Adam lui-même n'est plus en scène, ou, s'il intervient, c'est par personne interposée, en conférant à sa principale héroïne le nom de Marion, transposition rustique et familière du nom de Maroie. Le spectacle devient dès lors un divertissement objectif qui met en scènes les schémas de la pastourelle en jouant sur un effet de miroirs: Maroie chante son amour pour Robin, et le chevalier chante la rencontre qui va se dérouler aussitôt sous nos yeux. D'emblée deux visages de l'amour: celui, simple et ingénu, de la pastoure, et

celui, entaché de violence, de l'intrus. Ici le mal est du coté de la chevalerie, et le sire Aubert est celui qui vient perturber l'ordre serein de la vie des champs. Les gens heureux n'ont pas d'histoire, et le récit, dans le *Jeu de Robin et Marion*, n'existe qu'à partir de deux, ou plutôt trois perturbations successives: les deux aggressions du chevalier et la venue du loup. Je dirais même que ces trois scènes sont répétitives, dans la mesure où l'intrusion du loup qui dérobe la brebis est comme une figure *post eventum* du rapt accompli par Aubert sur Maroie (à ceci près que Robin est en posture de reconquérir sa brebis sur le loup, mais qu'il ne peut rien contre un chevalier). Le reste de la pièce ne raconte rien, faute d'événements, et se contente de capter une tranche de vie: c'est verser dans un autre genre, celui de la bergerie, qui décrit les dialogues et les jeux d'un monde pastoral plus ou moins idéalisé. Soyons juste: les bergers d'Adam de la Halle ne portent pas de dentelles et leur festin est constitué de pâtés et de fromages: retour à la rusticité qui tourne le dos à l'artifice des milieux aristocratiques? Le *Jeu de Robin et Marion* fleurerait alors l'utopie bucolique: même fuite devant les réalités, après tout, que dans le *Jeu de la Feuillée* qui médite sur l'illusion et l'échec ...

Le sens du folklore chez Adam de la Halle

La langue fançaise permet de jouer sur les mots. Les recours au folklore, chez Adam de la Halle, prend un sens, ou une diversité de sens; mais Adam lui-même a le sens du folklore, dont il saisit la saveur poétique et les richesses connotatives. S'il introduit dans son théâtre un peu de la culture populaire, c'est à la fois parce que cette culture le fascine, et aussi parce qu'elle lui permet de mieux dire ce qu'il veut exprimer. Mieux dire, c'est dire autrement, ou ne pas dire du tout, sans pour autant renoncer à l'expression du message; le folklore devient donc une figure, une allégorie au même titre que les autres ornements du discours. L'allégorie est, dans son acception étymologique, une façon de parler autrement, selon des modalités plus énigmatiques et donc plus riches que la locution au degré zéro. Le folklore, pour Adam de la Halle, est d'abord un enrichissement du langage—mais pour signifier quoi?

Distinguons d'abord, assez sommairement, divers registres, positifs ou négatifs. Du côté positif, l'ingénuité rustique du *Jeu de Robin et Marion*; du côté négatif, la scène des fées, abondante en maléfices. Beaucoup plus problématique est la connotation des monologues sur Maroie ou la façon dont le poète traite de la folie; mais à la réflexion, plusieurs lignes de force se dégagent:

1) Une nette opposition se fait jour entre le *Jeu de la Feuillée*, qui est une pièce urbaine, à partir d'événements qui ont eu lieu dans la ville d'Arras, et le *Jeu de Robin et Marion* qui se déroule à la campagne sur un sujet campagnard. L'espace dans lequel évoluent les personnages est donc radicalement différent. Faut-il ajouter que les circonstances de la représentation ne sont pas du tout les mêmes? Le *Jeu de la Feuillée* est présenté à Arras devant un public bourgeois; le *Jeu de Robin et Marion* est monté en Italie, devant un auditoire de seigneurs et de chevaliers. A l'époque, le monde citadin est plus éloigné des réalités paysannes que celui de la féodalité: dans le château, l'homme de guerre côtoie le vilain, et partage sans doute avec lui plus d'une veillée commune. Le *Jeu de Robin et Marion* est donc plus ouvert et plus sympathique à une certaine forme de culture rustique, qu'Adam musicien transpose avec adresse dans le rythme des chansons à danser qu'il entremêle à son spectacle.

2) Il est des folklores plus ou moins authentiques et des folklores plus ou moins frelatés. Le folklore urbain de la folie ne participe pas de la culture populaire (contrairement à ce qu'a cru Mikhaïl Bakhtine). Les confréries de fous sont en effet constitués de notables. Certaines tirades du *dervé* trahissent d'autre part l'artifice des jeux sur le langage auxquels vont bientôt se complaire les auteurs de fatras et de fatrasies, qui sont des formes poétiques très élaborées.[17] En faisant intervenir sur la scène les personnages de Walés et du *dervé*, Adam de la Halle cherche moins à mettre en théâtre une série de manifestations carnavalesques qu'à témoigner d'une absurdité radicale dont il constate le poids en lui-même et dans la réalité qui l'entoure. Le *Jeu de la Feuillée* n'est

pas la plus ancienne *sotie* qui soit, et si la pièce préfigure quelque chose, ce serait plutôt le drame pirandellien, voire le théâtre de l'absurde selon Beckett ou Ionesco (mais ne poussons pas trop loin une comparaison qui nous plongerait à notre tour en plein non-sens).

3) Pseudo-folklore à son tour que celui des fées! Morgue au moins surgit dans le *Jeu de la Feuillée* non point d'une tradition populaire, mais de toute une littérature, destinée par surcroît au plus recherché des publics: celui du roman arthurien. La scène est riche d'éléments empruntés aux cultures savantes (je dis bien les cultures au pluriel, celle au moins des laïcs et celle des clercs): les trois dons seuls (et Hellekin) fleurent le conte qui se colporte à la veillée, mais la roue de Fortune, qui vient du *De consolatione philosophiae*? Est-il autorité plus magistrale que celle de Boèce? Et qui popularise mieux cette image, au treizième siècle, que la très latine poétique des Goliards? La rotation qui précipite en quelques secondes le présomptueux déchu de sa gloire et de ses biens figure l'angoisse du *clericus vagans* prompt à jouer jusqu'à sa chemise au fond d'une taverne, et les *Carmina Burana* célèbrent avec l'éclat que l'on sait les caprices de la divinité sourde et aveugle qui préside aux aléas de notre univers sublunaire ...

4) La "fééric" du *Jeu de la Feuillée*, qui se trouve donc au carrefour de cultures diverses, ne retient du folklore vivant qu'un aspect sulfureux, celui de la malédiction (mais ce caractère infernal s'occulte sous le charme des mots et du sourire). Comme si le songe d'une nuit d'été suffisait à apprivoiser les épouvantes du crépuscule ... Adam de la Halle ne croit pas plus aux fées qu'il ne croit à la 'maisnie Hellekin', mais il croit à son propre malaise, et à la déraison arrageoise. La poésie de l'imaginaire transpose dans un registre prestigieux les interrogations du poète. Le théâtre s'autorise de vagues superstitions pour transfigurer le prosaïsme du réel. Tout ceci allant sans dire, mais les vérités les plus évidentes ne sont pas toujours celles auxquelles on pense en premier. Pour conjurer les obsessions les plus sombres, est-il meilleur chemin que celui de la fantaisie?

5) Adam de la Halle aime le folklore en poète, qui apprécie à leur juste mesure l'agrément et la délicatesse des contes et des chansons populaires. Lorsqu'il évoque Maroie à la fontaine, sa poésie se charge de toute une sensualité nostalgique que ne parvient pas à dissiper le fréquent et brutal retour à ce qu'il voudrait —et ne voudrait pas—nous faire prendre pour la réalité présente. La véritable Maroie (celle du *Congé*?) ne serait-elle pas la Maroie de l'enchantement? N'est-ce pas elle, plus que l'autre, que la description d'Adam fixe pour jamais dans sa grâce de sylphide?

6) Enfin et surtout, et c'est sur cet ultime développement que je vais conclure, le véritable sens du folklore dans le théâtre d'Adam de la Halle n'est-il pas la quête d'un enracinement? En face d'une culture savante, latine, cléricale, humaniste certes mais exotique et transplantée, puisqu'elle vient de Grèce et de Rome et qu'elle se réfère à des modèles antiques, la littérature vernaculaire promeut une autre culture moins élaborée, donc plus ingénue, et surtout plus actuelle et mieux implantée. Les troubadours et les trouvères, en pratiquant les formes popularisantes, ont ouvert la voie de ce pèlerinage aux sources vives d'une inspiration autochtone. Lorsque Chrétien de Troyes renonce à rédiger des romans antiques et se consacre à la matière de Bretagne, il se rapproche à son tour d'une oralité vivante friande de contes et de mythes qui circulent de castel en chaumière et *vice versa*. Le théâtre profane en génèse ne pouvait pas non plus se détourner de cette culture vivante qui l'investissait de toute part. Ajoutons, à propos du *Jeu de Robin et Marion*, une autre nostalgie, celle de l'exile qui se souvient: double exil, puisqu'il éloigne le poète d'Arras (la ville mal aimée parce que trop aimée: ne fut-ce pas aussi le cas de Maroie?), et puisqu'il l'isole dans un milieu (celui de la chevalerie) qui n'était pas le sien à l'origine. D'où la nécessité d'un ressourcement qui passe par le mythe de la rusticité heureuse: rêve de citadin, illusion de lettré trop nourri de Virgile[18], utopie rafraîchissante comme toutes les quêtes du bonheur...[19]

Notes

1   Je me permets de renvoyer sur ce point à mon article, 'L'enracinement folklorique du roman arthurien', André Gendre, Charles-Théodore Gossen et Georges Straka [éds.], *Mélanges d'études romanes du Moyen Age et de la Renaissance offerts à Monsieur Jean Rychner*, Strasbourg, 1978, pp. 427-37. Sur le théâtre d'Adam de la Halle, pour lequel j'utilise l'édition de J. Dufournet [éd.], *Jeu de la Feuillée*, Paris, 1979, et l'édition de K. Varty [éd.], *Le Jeu de Robin et de Marion, précédé du Jeu du pèlerin*, Londres, 1960, je renvoie à J. Dufournet, *Adam de la Halle à la recherche de lui-même ou le Jeu dramatique de la Feuillée*, Paris, 1976, et J. Dufournet, *Sur le Jeu de la Feuillée: Etudes complémentaires*, Paris, 1977. On y trouvera une abondante bibliographie, dans laquelle je soulignerai l'importance des travaux suivants: A. Adler, 'Sens et composition du "Jeu de la Feuillée"', PhD Ann Arbor, 1956; N. R. Cartier, *Le Bossu désenchanté: Etude sur le Jeu de la Feuillée*, Genève, 1971; Cl. Mauron, *Le Jeu de la Feuillée: Etude psychocritique*, Paris, 1973; et J. Ch. Payen, 'L'idéologie dans le "Jeu de la Feuillée"', *Romania* 94 (1973), pp. 499-504.

2   Voir l'introduction de l'édition par C. A. Windahl [éd.], Robert le Clerc, *Vers de la Mort*, Lund, 1887, p. xxxviii, rédigés par ce poète en 1269.

3   Voir P. Menard, 'Les fous dans la société médiévale: Le témoinage de la littérature au XIIe et XIIIe siècle', *Romania* 98 (1977), pp. 433-59, plus particulièrement p. 441. La tirade de Walés à laquelle je fais allusion se trouve dans les vers 354 sqq., et le discours du *dervé* contre Robert Sommeillon et ses favoris se trouve dans les vers 406 sqq.

4   Voir M. Bakhtine, *L'œuvre de François Rabelais et la culture populaire au Moyen Age et sous la Renaissance*, Paris, 1970. *Cf.* le vers 406 ('Bien kie de lui'), ou le passage suivant, où le *dervé* feint de prendre son père pour une vache qu'il veut engrosser ...

5   Voir M. Delbouille, 'Notes de Philologie et de Folklore. I. La légende d'Herlekin', *Bulletin de la Société de Langue et de Littérature Wallone* 69 (1953), pp. 105-31.

6   Je renvoie sur ce point à P. Bec, *La poésie lyrique en France au Moyen Age*, Paris, 1977, tome I, et à Prospero Saiz, *Personae and Poiesis: The poet and the poem in medieval love lyric*, The Hague, 1976.

7   Voir ci-dessus, n. 1.

8   *Cf.* les vers 89-90, à propos des cheveux de Maroie, où—sans le vouloir?—Adam corrige son énonciation première: 'Or *sont* keü, noir et pendic ‖ Tout *me sanle* ore en li mué'.

9   *Cf.* les vers 69-70.

10 C'est ainsi qu'il décrit le détail des seins de Maroie et évoque même avec

une relative précision son sexe dans la seconde tirade.

11 Voir ci-dessus, n. 1.

12 Il vient de déclarer: 'Ains couvient meürer' (v. 953) à ses compagnons qui veulent l'entraîner à la taverne, mais cela ne l'empêche pas d'y suivre son père à la replique suivante.

13 *Cf.* ci-dessus, n. 3. Dans la langue familière arrageoise, si j'en juge par les *Vers de la Mort* de Robert le Clerc, s'opère un processus de réduction des hiatus ('pekeur' plus fréquent que 'pekeür') qui explique le calembour entre 'reïne' (reine) et 'raine' (grenouille).

14 Voir Adler, 'Sens et composition', et la communication de M.-M. Dufeil, 'La prière universitaire au XIIIe siècle', François Berier *et al.*, *La prière au Moyen Age: Littérature et civilisation*, Aix-en-Provence, 1981.

15 Voir ma communication 'L'*homo viator* et le criusé: la mort et le salut dans la tradition du douzain', Herman Braet et Werner Verbeke [éds.], *Death in the Middle Ages*, Louvain, 1983, pp. 205-21.

16 *Cf.* Rutebeuf et ses poèmes de la pauvreté, ou, dans le *Roman de la Rose*, les appels de Jean de Meung à la générosité de Charles d'Anjou. F. Lecoy [éd.], Guillaume de Lorris et Jean de Meun, *Le Roman de la rose*, Paris, 1965-70, les vers 6610 sqq. (allusions flatteuses à Charles d'Anjou, 'le bon roi') et les vers 8681 sqq. (qui suivent comme par hasard une nouvelle allusion à Charles d'Anjou et qui évoquent comment Virgile et Ennius furent richement récompensés de leurs œuvres littéraires.

17 On trouvera un choix remarquable de fatrasies et de fatras dans Bec, *Poésie lyrique*, tome II, pp. 99 sqq.

18 Voir sur ce point J. Batany, 'Le bonheur des paysans: Des "Géorgiques" au Bas Moyen Age', *Présence de Virgile: actes du Colloque* [de l'E.N.S. et de l'Université de Tours, décembre 1976], Paris, 1978.

19 Cet article était tout juste achevé lorsqu'est paru le travail de M. Rousse, 'Le *Jeu de la feuillée* et les coutumes du cycle de mai', *Mélanges de langue et littérature françaises du Moyen Age et de la Renaissance offerts à Monsieur Charles Foulon*, Rennes, 1980, pp. 313-27, où l'auteur relève à juste titre un certain nombre de traits carnavalesques (le monde à l'envers, la parodie), insiste d'autre part sur les allusions sexuelles du texte, puis rapproche les fées des reines de mai et la feuillée des loges de feuillage érigées pour célébrer les fêtes printanières. M. Rousse étudie ensuite les 'compagnons', le *dervé* et la 'maisnie Hellekin' en fonction de divers folklores. Autre article récent, celui de J. Grisward, 'Les fées, l'aurore et la fortune: Mythologie indo-européenne et "Jeu de la Feuillée"', Robert Äulotte *et al.*, *Etudes de langue et de littérature françaises offerts à André Lanly*, Nancy, 1980, pp. 121-36. Cet excellent travail étudie plus particulièrement le repas des fées dans le folklore et la littérature.

Désenchantement et Ironie Dramatique
chez Adam de la Halle

Herman Braet

I

Réhabilité par la critique au cours des vingt dernières années comme une œuvre inclassable et unique, le *Jeu de la Feuillée* a fait l'objet de nombreuses approches.[1] Spectacle baroque ou drame carnavalisé, l'œuvre se donne surtout, nous semble-t-il, comme une comédie sans masques où s'abolit pour la première fois la distinction entre le mimesis et la réalité.

Du point de vue du public, toute représentation théâtrale comporte, outre le "message" de l'auteur, deux niveaux de communication. L'un, purement verbal, correspond au dialogue entre les personnages: le cadre référentiel en est, en principe, limité à la pièce. L'autre, non verbal, renvoie parfois l'assistance à des réalités extérieures.[2] Ce second niveau, qui favorise une interaction entre la scène et la salle, est particulièrement important dans le *Jeu*, que sous-tend en grande partie la diégèse arrageoise: la société urbaine devient à la fois matière et témoin. Les acteurs, rappelons-le, semblent sortis de la salle: dans les rôles qu'ils interprètent devant elle, la communauté reconnaît sans peine les protagonistes d'un vécu quotidien. Tel est notamment le cas du "personnage" d'Adam, qui dans ce mélange étonnant de satire et d'autodérision joue le premier rôle.

L'auteur compte sur la participation du public pour réaliser son dessein, même lorsque se produit dans ce psychodrame, l'éclaircie apparente de la féerie. Rappelons d'abord ce qui précède. Adam annonce solennellement à ses amis son intention de quitter Arras et sa condition d'homme marié pour reprendre ses études à

Paris. Ce projet excite leurs railleries. Leur compère a-t-il les capacités intellectuelles requises? Sa résolution est-elle aussi ferme qu'il le prétend? Pourra-t-il oublier les charmes de son épouse? Visiblement Rikeche, Hane et Guillot cherchent à le décourager et à le retenir. Sur ce d'autres personnages apparaissent qui font à leur tour les frais de la moquerie. Le père d'Adam, maître Henri, se montre-t-il peu disposé à donner l'argent nécessaire à l'exécution du projet? Il se voit confronté au diagnostic mordant d'un "physicien": les maux dont souffre Henri s'appellent avarice et gloutonnerie. Mais il n'est pas le seul. Beaucoup d'Arrageois en seraient atteints, d'après l'homme de science. La consultation expose ensuite les mœurs d'une veille courtisane et le caractère détestable de certaines femmes d'Arras. L'arrivée d'un moine porteur de reliques censées guérir la folie, permet de prendre pour cible d'autres concitoyens. Un fou furieux, le "dervé", ridiculise enfin la confrérie littéraire locale et ouvre un débat sur l'affaire des clercs bigames.

L'action semble prendre alors un tournant: on nous prédit une nuit magique. Un festin a été préparé en l'honneur des trois fées qui président aux destinées humaines. Leur venue est précédée de celle du gnome Croquesot: il est chargé par son maître, le roi infernale Hellequin—présenté comme 'le plus grand prince de féerie' (vv. 758-9)—d'un message d'amour pour la fée Morgue. Cette dernière ainsi que ses sœurs Arsile et Magloire arrivent et s'installent autour de la table dressée par Adam et Riquier. Deux des invitées se montrent ravies de l'accueil. Mais la troisième, Magloire, marque un vif dépit: on ne lui a pas donné de couteau ... Lorsque Morgue et Arsile formeront des vœux favorables à leurs hôtes, elle se vengera, notamment par un présage fatal au projet d'Adam; le "Parisien" s'encanaillera parmi les Arrageois au point d'ajourner son voyage et de renoncer à l'étude. Sur ce, on en revient à la satire locale, lorsque Morgue avoue la passion qu'elle nourrit pour Robert Sommeillon, le nouveau prince du puy d'Arras. Elle célèbre la loyauté et la prouesse du patricien, mais se trouve promptement désabusée: ses compagnes lui montrent à l'envi l'indignité de ce prétendant, risible bourgeois gentilhomme doublé d'un Don Juan. Une roue de fortune, dressée en scène, permet de couvrir de sarcasmes d'autres notables en révélant leurs ambitions et leurs infortunes. Enfin les trois sœurs disparaissent dans la nuit pour assister une mégère dans quelque sinistre entreprise.

II

La scène des fées fait appel à des traditions préexistantes et présupposées, qui sont bien plus que de simples sources pour l'auteur. Ainsi, le seul nom de la fée Morgue, personnage de la littérature arthurienne, suffit à créer dans l'assistance une "attente", en suscitant une série de représentations.[3] Les données appartenant au domaine du folklore ne sont pas moins suggestives.[4]

Si ces éléments traditionnels empruntent leur signification première au système dont ils font partie, l'écrivain reste libre, bien entendu, de les utiliser comme il l'entend en proposant des solutions qui lui sont propres. Or, en un premier temps, tout se passe comme si notre auteur avait simplement voulu réactualiser la croyance aux fées[5]: conformément à la pré-information dont dispose le public, Morgue et ses compagnes sont bel et bien présentées comme de véritables créatures de l'Autre Monde. Ainsi nous le montre l'attitude des autres personnages.

Une fois la table dressée, les Arrageois attendent dans une atmosphère pleine de receuillement, réclamant le silence pour mieux pouvoir guetter le tintement des "clokettes" annonciatrices. Par leurs commentaires et leurs réactions, Rikeche (qui demande au moine de s'en aller ou de cacher au moins son reliquaire pour que les trois sœurs puissent s'approcher) et le craintif Rainelet nous préparent à l'avènement de la féerie. Adam lui-même, lorsqu'il essaie de calmer les frayeurs du jeune homme, nous laisse supposer qu'on aura affaire à des personnages bienveillants et courtois.[6] Croquesot enfin, l'envoyé du roi Hellequin (ce dernier est transformé en amoureux), par le zèle et la fierté avec lesquels il s'acquitte de sa mission, renforce notre conviction que l'action ne se situe plus dans le monde ordinaire. Rien d'étonnant donc si, au moment où les personnages tant attendus font leurs entrée, les simples mortels s'effacent.

Jusqu'au moment où les invitées prennent place à table, il semble régner une atmosphère différente: c'est le 'grand spectacle de féerie' que l'on avait promis (v. 563). Mais bientôt le doute s'installe dans notre esprit, au fur et à mesure que le comportement des trois fées se dégrade et que la vision d'un monde idéal commence à se frelater.

Rappelons le dépit et la hargne de la susceptible Magloire, et qui déboucheront sur la scène des vœux, véritable parodie du thème folklorique, où les oracles rendus n'ont rien d'imprévisible quand on connaît les dispositions et le tempérament des intéressés.[7] Morgue ensuite se couvre de ridicule en déclarant sa passion aveugle pour un parvenu, un mortel insignifiant, indiscret, hypocrite et coureur de jupons par surcroît.[8] Hellequin, nous apprendon, aurait employé une ruse peu chevaleresque pour causer la chute de son rival au tournoi. Le quotidien fait ensuite un retour en force par le biais de la Roue de Fortune. Enfin, les "fées" se discréditent tout à fait en s'acoquinant avec la répugnante Dame Douche[9], qui les entraîne dans une louche expédition punitive.

On voit comment l'écrivain a procédé: la "pré-information" du public, jointe au conditionnement que lui ont fait subir les personnages, rend la démythification de la féerie[10] fort inattendue. La démarche a d'autant plus d'impact que cette partie de la pièce s'annonçait entièrement différente de la réalité mesquine ou sordide qui se trouve exposée dans les scènes précédentes. En nous faisant espérer un merveilleux qui fasse contraste et qui permette l'évasion dans un monde prestigieux, l'auteur fait ressortir avec d'autant plus de force la triste et bruyante vulgarité où l'action finit par retomber.

III

Considérons pour finir l'attitude du spectateur à l'égard du personnage d'Adam. Techniquement parlant, l'écrivain se sert dans la scène des fées d'une sorte de distanciation (c'est le *Verfremdungseffekt* brechtien).[11]

Le public, en un premier temps, est entraîné par les péripéties du protagoniste: on tend à épouser la cause, à partager les expériences et les hantises d'Adam pendant qu'il se débat dans le bourbier arrageois. Un effet de surprise se produit lorsque, tout à coup, s'introduit dans cette grisaille comme une trouée d'espoir, la possibilité d'une autre dimension. Cette éventualité est acceptée toutefois, puisque le héros lui, l'accepte et la cautionne: le repas qu'Adam a préparé ne montre-t-il pas sa propre adhésion au vieux culte propitiatoire? Dès lors l'assistance espère avec lui l'échapée, grâce aux "fata" qui président au destin.

Mais un nouveau choc se produit quand, très rapidement la 'grant merveille de faerie' attendue prend les allures d'une comédie burlesque. Le vœu funeste prononcé alors à l'endroit d'Adam opère une dissociation avec le personnage fictif. Derrière lui, les Arrageois redécouvrent Adam le malchanceux, l'étudiant raté qu'ils connaissent bien, puisqu'il fait partie de leur décor quotidien[12]: la distanciation se produit par le biais d'un mouvement de reconnaissance. Adam, l'homme pour qui même la féerie n'apporte pas d'espoir, est bien l'Adam que l'on connaît: le monde est bien aussi laid, la vie aussi décevante qu'on le pensait.

Notes

1   Rappelons, outre les travaux bien connus de Jean Dufournet (parmi lesquels son édition *Adam de la Halle: Le Jeu de la Feuillée*, Gand, 1977), ceux de Philippe Ménard, 'Le sens du "Jeu de la Feuillée"', André Gendre, Charles-Théodore Gossen et Georges Straka [éds.], *Mélanges d'études romanes du Moyen Age et de la Renaissance offerts à Monsieur J. Rychner*, Strasbourg, 1978, tome I, pp. 381-93; Rosanna Brusegan, 'Per una interpretazione del "Jeu de la Feuillée"', *Biblioteca teatrale* 23-24 (1979), pp. 132-79; Jean-Charles Payen, 'Typologie des genres et distanciation: le double Congé d'Adam de la Halle', *Kwartalnik Neofilologiczny* 17 (1980), pp. 115-32; Michel Rousse, 'Le *Jeu de la Feuillée* et les coutumes du cycle de mai', *Mélanges de langue et littérature françaises du Moyen Age et de la Renaissance offerts à Monsieur*

Charles Foulon, Rennes, 1980, tome I, pp. 313-27; Alexandre Leupin, 'Le Ressassement: Sur le "Jeu de la Feuillée d'Adam de la Halle', *Le Moyen Age* 89 (1983), pp. 239-68; Daniela Musso, 'Adam o dell' ambivalenza: Note sul "Jeu de la Feuillée"', *L'immagine riflessa* 8 (1985), pp. 3-26; R. Brusegan [éd.], *Adam de la Halle, La Pergola*, Venise, 1986; D. Musso, '[Compte rendu de R. Brusegan [éd.], *Adam de la Halle, La Pergola*, Venise, 1986], *L'immagine riflessa* 10 (1987), pp. 162-6; Nicolò Pasero, 'Il teatro dentro la festa Radicamento folclorico e messa in scena nel "Jeu de la Feuillée"', *L'immagine riflessa* 11 (1988), pp. 263-80; Gordon D. McGregor, *The Broken Pot Restored: Le "Jeu de la Feuillée" of Adam de la Halle*, Lexington, 1991.

2   Quelquefois les deux niveaux en se superposant, produisent un "surplus de sens". Quand telle personnalité locale qui ne devait être ni jeune ni noble, est qualifiée de *damoisel* (v. 717), le comique de l'incongruité fonde un "bestournement" du langage. Le locuteur se trouve lié à l'allocutaire par un contrat langier qui suppose que l'on dise ce qu'on veut signifier; le public, allocutaire second, constate ici la dénonciation de ce contrat.

3   Il en va de même pour le rôle de Croquesot, messager d'amour et pour l'allusion aux tournois de la Table Ronde où se serait illustré Robert Sommeillon.

4   La légende d'Hellequin, l'offrande du festin aux trois sœurs (pratique attestée par Burchard de Worms, comme le rappelle Alfred Adler, *Sens et composition du 'Jeu de la Feuillée'*, Ann Arbor, 1956, p. 26, et au treizième siècle, par Guillaume d'Auvergne, cité à p. 129 chez Daniel Poirion, 'Le rôle de la fée Morgue et de ses compagnes dans le "Jeu de la Feuillée"', *Bulletin bibliographique de la Société internationale arthurienne* 18 (1966), pp. 125-35) ainsi que l'incident des vœux ressortissent clairement aux croyances populaires. *Cf.* P. Saintyves, *Les Contes de Perrault et les récits parallèles*, Paris, 1923, pp. 14-8; sur les antécédents littéraires, voir Henri Guy, *Essaie sur la vie et les œuvres littéraires du trouvère Adan de le Hale*, Paris, 1898, pp. 390-4 et Jean Frappier, *Le Théâtre profane en France au Moyen Age: XIIIe et XIVe siècles*, Paris, 1961, p. 98.

5   Comme Guy, *Essaie*, p. 375, et Gertrud Lütgemeier, *Beiträge zum Verständnis des "Jeu de la Feuillée" von Adam le Bossu*, Bonn, 1969, p. 25, nous pensons que la pièce montre l'enracinement de cette croyance, tout au moins parmi le peuple. Ainsi l'indiquent non seulement la date et le moment de la représentation, qui font coïncider l'apparition des fées avec la "réalité" ('selon une coutume régulière et immuable, Elles viennent au cours de cette nuit'; vv. 566-7), mais encore le fait rapporté que

les vieilles Arrageoises s'assemblaient à la Croix-au-Pré pour les attendre (vv. 843-57).

6 Les propos du protagoniste trahissent peut-être une certaine réserve. En disant: 'Il n'y a rien d'anormal: Ce sont de belles dames bien habillées' (vv. 586-7), il peut vouloir nier le caractère surnaturel de l'événement. C'est ce que ferait croire la réplique de Rainelet, qui ne se laisse pas influencer: 'Par Dieu, monsieur, non, non, ce sont des fées!' (v. 588).

7 Adam apprend qu'il écrira de belles chansons qui consacreront sa réussite dans le domaine de la poésie d'amour. A celui qui porte le nom parlant de Riquece Auri, Arsile et Morgue souhaitent qu'il s'enrichisse par son commerce; Maglore prédit que ce clerc manifestement peu soucieux de sa vocation deviendra complètement chauve—autrement dit qu'il perdra la marque de la tonsure.

8 Outre les aventures galantes de Morgue, rapportées par la tradition romanesque, la parodie utilise ici le thème plus général des amours d'une créature de l'Autre Monde avec un élu mortel: d'origine celtique, il se rencontre surtout dans les lais du douzième et du treizième siècle. (Voir les notes au *Lai de Graelent* ainsi que les textes celtiques traduits en appendice dans nos *Deux lais féeriques bretons: Graelent et Tyolet*, Bruxelles, 1980.)

9 Seul parmi les mortels à dialoguer avec elles, ce personnage traite les trois sœurs en égales, leur faisant la leçon parce qu'elles se sont trop attardées (vv. 849-57).

10 On pourrait mentionner de surcroît la chute de ton par rapport au style courtois du début. Otto Gsell [éd.], *Das "Jeu de la Feuillée" von Adam de la Halle*; kritischer Text mit Einführung, Übersetzung, Anmerkungen und einem vollständigen Glossar, Würzburg, 1970 [thèse], p. 148, observe dans la bouche des personnages féeriques plusieurs expressions et mots populaires. Sur l'effritement de la féerie, voir encore l'important chapitre que Jean Dufournet, *Adam de la Halle à la recherche de lui-même ou Le Jeu dramatique de la Feuillée*, Paris, 1974, a consacré à cette partie, notamment pp. 132-3, 139 sq. et 202 sq.

11 Voir Bertold Brecht, *Kleines Organon für das Theater*, repris dans ses *Gesammelte Werke in acht Bänden*, tome VII: *Schriften I – Zum Theater*, Frankfurt am Main, 1967, p. 680 sq.

12 Nous souscrivons donc pleinement à ce que dit Lütgemeier, *Beiträge*, p. 129, au sujet des personnages arrageois en général: 'die Scheinidentität von Spiel und Wirklichkeit [ergibt] doch bestimmte Einschränkungen ihrer Bewegungsmöglichkeit: Sie dürfen im Spiel nicht wesentlich aus der Bahn ihrer realen Existenz gebracht werden, wenn ihre Rollen am Ende bruchlos ins Leben übergehen sollen.'

'His Majesty shall have tribute of me':
the King Game in England

Nicholas M. Davis*

The attention paid by E. K. Chambers in *The Mediaeval Stage*
(1903) to seasonal plays or games whose presiding figure is a
"King" or other bearer of temporary authority[1] is amply justified
by the volume of surviving evidence. It has, however, taken us
nearly a century to recapture Chambers' interest in the phenomenon: the King game has only recently come to the fore again as an
object of scholarly enquiry.[2] In the early Twentieth Century a
good deal of material concerning the King game had been put into
circulation by the previous century's searches of churchwardens'
accounts and similar documents. More evidence has emerged
since, and continues to emerge in the execution of the *Records of
Early English Drama* project. Characteristically for his time,
Chambers regarded King games and similar *ludi* as the attenu-
ated, ill-understood "survivals" of pre-Christian rituals involving
the sacrifice of a human victim to ensure the growth of the crops;
and this unabashedly diachronic approach, taking its cue from the
anthropology of Sir James Frazer, still enjoys a certain scholarly
prestige.[3] Some modern investigators attempt to avoid the Frazerian insensitivity to immediate cultural context while drawing attention at the same time to possible continuities of theme between
cultic fertility rites and the popular disports of the Middle Ages;
although theoretically subordinate to elite or clerical culture, popular culture retained and developed a distinctive way of dealing with
the primary "facts of life", notably the consumption of food,
sexuality and reproduction, and death.[4] But a primarily synchronic
approach has been taken in many of the more productive studies

of the last two decades. Historically-informed investigators, often drawing on the themes and methods of contemporary anthropological enquiry, have questioned the usefulness of the search for archetypes or templates in pre-Christian ritual, and instead stress the purposiveness of popular disports in their immediate social context: they were performed not out of unthinking respect for tradition but because they held the promise of meeting the very clearly-defined needs or purposes of their participants.[5] Sandra Billington's recent full-dress study of ceremonies, games and riots led by mock kings strikingly widens the synchronic frame of reference by aligning king games (and riots) with the general disposedness of medieval-early modern culture to think and act by setting up oppositions: 'since rule and rulers were fundamental to the cosmic scheme then, necessarily, misrule and mock rulers also had their place.'[6] Following the logic of this idea, Billington's account quite properly gives nearly as much space to the roles and actions of genuine bearers of authority as to those of their counterparts or counterfeits. It also proposes a useful taxonomical distinction between the popular disports of the summer, and of the winter. All of these approaches have light to shed on the social purposes, cultural symbolism and, more tenuously, origins of the King game in its many different recorded forms and versions. They do rather less, however, to illuminate the King game's internal functioning and principles of auto-regulation. What gives substance to the authority of "King" (or other male mock ruler), often linked in with that of a "Queen", and how is this authority wielded? Surviving records of the game have often proved difficult to interpret, and a detailed picture has, in the nature of things, to be assembled from fragmentary evidence; but in the account that follows I have tried to identify some of the more consistently applied principles.

(1) The temporary King is expected to play an active, even aggressive part in keeping the game going; whereas the role allotted to the Queen, when she is present, seems typically to be the more passive one of being seen, paying graceful attention, and preserv-

ing her own queenly state. In what is probably the fullest unslant-
ed or unpolemical account of a rural King game—one which took
place at Wistow, Yorkshire, in 1469, described in depositions of a
matrimonial law-suit which pay special attention to the Queen's
role—the elected Queen is said to have sat in state above the
game-place, whereas the King and his two soldier-henchmen are
named as the principal agents in the playing. The account is worth
translating in full:

> Following the custom of the land, the young people of the town of
> Wistow came together to conduct a summer *ludus*, commonly called
> the *Somergame* ... On the preceding Sunday they chose Margaret
> More to be Queen of the aforesaid game, in readiness for the Sunday
> when the game was to be held in a certain barn belonging to John
> Dudman and adjoining the churchyard. The said Margaret went there
> before the twelfth hour on Sunday—which is to say, before midday
> —[according to another deposition, a minstrel and other young vil-
> lagers led them in procession to the barn, N. D.] and was in atten-
> dance from then until after sunset; all that time a Queen who held
> court in the upper storey of the barn. The witness said that he himself
> was Steward [*senescallus*] and serving-man [*pincerna*] in the game
> ... And once Margaret More was installed in the barn where the game
> was held, commonly called *Somerhouse*, she and the witness remain-
> ed present, hour in hour out and continuously, until after sunset ... as
> did those carrying on the game [*adtunc et ludo ... perseveranti-
> bus*]; namely Thomas Barker of Wistow, King for the duration of
> the game, Robert Gafare, also from Wistow, and William Dawson,
> who were called Soldiers in the same game—and many other people
> in a copious multitude.

Another witness describes the Queen as having 'remained continuously at this same game, listening to it and taking her pleasure in
an honest fashion'.[7] In the just-quoted deposition the King and
Soldiers seem, on the other hand, to have had it as their business
to sustain the actual playing.

(2) The "laws" of the King are distinct from those that hold
sway in everyday life; his authority sanctions extra-ordinary kinds
of behaviour, the customs of "his" season. From the standpoint

of Puritan reformers or those who felt an educated distaste for popular customs, the main function of a festive king was to rule badly, upsetting every principle of decorum.[8] But this outsider's view should probably be supplemented by the recognition that periods of festivity have normative values of their own, and are not merely occasions for the release of anarchic energy. The formal *separateness* of the King's rule may be signified in the concrete language of play by the visible circumscription of his kingdom (in Thomas Stubbes' account, cited in note 8, a churchyard laid out with 'summer-halls' and other temporary structures; in the Wistow game, a barn), and/or by the temporal limitation of his reign (*cf.* the Wistow game; in a moral exemplum of the early fifteenth century it is treated as common knowledge that a summer Queen's reign ends at nightfall).[9]

(3) In the course of the game the King imposes his authority "in play"; his rewards and punishments are symbolic rather than actual. (As Huizinga observes, play has its own seriousness which is distinct from but no less absorbing than the seriousness of everyday transactions.) But this is not to say that his authority arises purely by title of the game in which he officiates, or that it merely apes established authority. The position seems to be a complex one.[10] When "Captain" Robert Dover dressed in the cast-off clothes of James I to preside over games and sports in the Cotswolds (early seventeenth century)[11], his intention was not presumably to mock the absent king—the games were in fact conducted in a loyalist, anti-Puritan spirit—but to claim for his leadership exercised "in play" a serious authenticity, deriving ultimately from the royal power. (Dover had, after all, sought James' leave to promote the games in the first place.) It seems probable that the games did not begin with the parodic inversion of a genuine image of authority, but with the appropriation of some of its legitimating force for the game's own ambiguous purposes. A different kind of serious authentication is alluded to in the speech for the inauguration of the Christmas season ('Crying Christmas') which seems to have been delivered in public by Lincoln civic officials[12]:

> Therefore Crystmas myrthe I wold ye schuld esteme
> and to feare god & schewe ye deides of Charytye, boith man
> & wyff
> orelles the people wyll assemble wt weapons scherpe & keene
> wherefore it wyll not prevaile to make any Stryff[13]

The threat was issued, no doubt, "in play"; one does not suppose that individual acts of meanness were held to invite lynching. The joke does, however, take its point from an underlying seriousness: local "cheating" and evasion is to be expected, but a total denial of the season's rights undermines the moral economy itself and calls down sharp reprisals, if not downright insurrection.[14] Faced with a countervailing power which will not condescend to "play" (and it seems to have been of the essence of the game that such confrontations should be sought, or at least risked; see 4b below), the King Game turns into a satiric counter-demonstration: through their parodic Misrule the King and his henchmen symbolically deface the image of authority which has, in their view, already been defaced in fact. This seems to have occurred in the celebrated Dymoke case (Lincolnshire, 1601) when the retainers of a Summer Lord ran up against the authority of a genuine and permanent Earl (their retort to the Earl's servant being that 'they had a lord as good as he').[15] In rare cases the framework of "play" is dilated to its limits, and the King's latent moral authority is invested in a quite serious demonstration against "enemies of the community". At Norwich, in 1433 the customary riding of the King of Christmas seems to have been a catalyst for a rising of the townsfolk, who did however stop short of their declared intention to burn down the local priory and kill its occupants, and later claimed the rights of the season for their 'disport'.[16]

(4) The authority of the King faces so to speak in two directions. (a) He disciplines and imposes tasks on his "subjects" or "servants", sometimes identified as such by the wearing of "liveries" (usually badges of coloured ribbon, mentioned by Stubbes and in the parish accounts of Melton Mowbray, Leicestershire).[17]

In a May game, played by the young and unmarried of both sexes[18], the particular games and tasks imposed by the King were probably designed to promote courtship[19]; under these circumstances the authority of the King opportunely overrides the everyday authority of parents and elders, and sanctions the display of feelings, however compromising, that would normally remain concealed (cf. modern children's games of "embarrassment"). "Captain" Robert Dover, on the other hand, presumably played the more restricted role of umpire and supervisor of contests. (b) But if the authority of a play-King is accepted by all present without demur, he has rather little opportunity for "playing". And the records suggest that temporary kings and their followers typically went out of their way to confront those who could not be regarded as the King's subjects *de facto*, and to invade territory external to his recognized "kingdom"; the productiveness of performances seems to have depended in part on a quite deliberate blurring or infraction of the boundaries which defined the extent of the King's rule. Stationary May games like those played at Wistow and Melton Mowbray seem to have been open to outsiders as well as to members of the host community; the King would therefore have sought to impose his authority on individuals who had *not* chosen him as well as individuals who had, *a fortiori* if his "kingdom" happened to be coextensive with a town.[20] A large number of parish accounts show that, in the course of their reign, temporary kings customarily rode with their followers (in this case, it would seem, bands of young men) to celebrations conducted in neighbouring communities. The King also came into his own in prescribed visits to the enduringly rich and powerful, who were expected to grant the playful assent to his authority signally withheld by the Earl of Lincoln in 1601; in the winter of 1377, prior to the formal accession of Richard II, the Commons of London sent their "Emperor" and "Pope" into the King's presence —a gesture of loyalty in the suggestive form of a "game" exaction of loyalty.[21] Even a stationary King game as described by Stubbes begins as a noisy procession through the streets and invasion of the Church building before establishing itself in the appointed game-place (here, the churchyard).[22] It would seem that Huizinga's insistence on the apartness and self-containedness of play (*cf.* section 2, above) has to be modified in an important respect for the King game: the symbolism of temporary kingship is probably at its most potent precisely when the King treads on uncertain ground, and rules of conduct are to some degree extemporized.

(5) As a corollary to 4: The King game in its inception is not the exclusive property of a single community, class, sex, or other identifiable social group, but is designed to produce an interaction between groups; the playing remodels everyday relationships on its own terms, and possesses, in principle, an unlimited capacity to incorporate the real. (What has to be explained is not the universalistic ambitions of the players, but the growing abstention or self-removal of the social elite in the later medieval and Restoration period.)

(6) Finally, the King game contains certain obligatory "moves" whose principal function is regulatory: most obviously, the King's reign must be formally proclaimed—an occasion for the promulgation of "laws"—and formally wound up, perhaps by his formal expulsion or by an enactment of his death.[23] (The dethronement of the King also creates a special opportunity for the more "magical" kinds of satire, since whatever disrespect is paid to him at this point can be implicitly directed by the slightest nuance towards a real holder of authority.) A pre-arranged performance would similarly be in order when King and procession invade hitherto unoccupied or "unowned" territory. One of the possible linguistic connotations of Middle English 'enterlude', a common vernacular equivalent for *interludium*, seems to be 'game that enters': when King Arthur observes in *Sir Gawain and the Green Knight* that 'laykyng of enterludez, to laȝe and to syng' (l. 472) is highly appropriate to the Christmas season of revelry, he is probably affecting to treat the Green Knight as a festive "Lord" who has challenged his authority in play. As I have suggested elsewhere, the

'entyrludes' which Robert Mannyng of Brunne (writing *c.* 1300) groups with other noisy popular disports likely to take place '[y]n cherche other in cherchezerd'[24] may be the set-piece rodomontades or boastful self-presentations of seasonal lords or kings.

A note to the forgoing: In this account no mention has been made of more savage but equally customary games involving ritualized collective assault on a victim—sometimes called a "King" —in person or effigy.[25] Occasional ceremonies of violent mockery seem to be related to but formally distinct from seasonal ceremonies involving game submission to a "King"; but in modern times seasonal cultivation of the former is not unknown—viz. Guy Fawkes' Night.

I have tried to suggest that the English King game in its various manifestations does possess some generic consistency. If this is so, it should be possible to enlarge the area of knowledge by making more systematic investigation of accounts and references, and to assess the contribution of the game to the development of dramatic or semi-dramatic activity in general; which contribution consists roughly in (a) the reception of literary culture into the game, and (b) the game's reception into literary culture. An indication of the first may already be present in Bishop Grosseteste's mid thirteenth-century condemnation of clerics who '*make* games called the leading in [*Inductionem*] of May or Autumn', since it is precisely in performing the set pieces of the game (see 6, above) that players would have welcomed the support of a script. In the later Middle Ages a considerable exchange of material seems to have taken place between the King game and stories or ballads of Robin Hood, one of the upshots being that plays of Robin Hood were bodily inserted into May games of the King and Queen to offer a literary "rationalization" of the leading roles[26]; the recreation of such a game in Peele's *Edward I* and Richard Morison's reforming memorandum of 1535[27] do not, however, suggest that spontaneity was thereby banished from proceedings as a whole. Investigation of (b) is a delicate matter, but some guidance is offered by Richard Axton's suggestion that, in the making of a popular religious drama, dramatists drew on modes of playing already made current by well-known *ludi*.[28] It is accordingly quite conceivable that in the fragmentary texts known as *The Cambridge Prologue* (*c.* 1300) and *The Pride of Life* (mid fourteenth century) we have early literary recreations of the King game which conserve the energies of the original as far as possible.[29] Medieval playwrights' subtle responsiveness to the nuances of playing centred on the figure of a temporary king continues to act as a challenge to our own.

Notes

*   An earlier version of this article was presented for inclusion in the Proceedings of the Third Conference of the "Société Internationale pour l'Etude du Théâtre Médiéval" held at Dublin in 1980. The Proceedings did not appear. The article has been locally revised to take account of recent research, but I have not seen fit to alter its basic argument. It is a writing up and development of research which I first presented in my Ph.D. thesis, 'The Playing of Miracles in England between *c.* 1350 and the Reformation', University of Cambridge, 1977.

1   See E. K. Chambers, *The Mediaeval Stage*, London, 1903, vol. I, pp. 143, 172-4 and 260-2.

2   See especially Sandra Billington, *Mock Kings in Medieval Society and Renaissance Drama*, Oxford, 1991.

3   See, e.g., William Tydeman, *The Theatre in the Middle Ages*, Cambridge, 1978, pp. 19-20, where games of this kind are discussed under the heading 'Ritual Survivals'.

4   See Richard Axton, *European Drama of the Early Middle Ages*, London, 1974, esp. pp. 33-46, and Peter Burke, *Popular Culture in Early Modern Europe*, London, 1978, pp. 178-204, and esp. p. 191.

5   A particularly influential study has been Natalie Zemon Davis, 'The Reasons of Misrule: Youth Groups and Charivaris in Sixteenth-Century France', *Past and Present* 50 (1971), pp. 41-75; reprinted in her *Society and Culture in Early Modern France*, London, 1975, pp. 97-123. Robert Weimann, *Shakespeare and the Popular Tradition In the Theatre: Studies In the social dimension of dramatic form and function*, [ed.] Robert Schwartz, Baltimore, 1978, p. 19, interestingly combines synchronic and diachronic approaches in his suggestion that "folk play", at once participatory rite and communicative presentation, serves its host community in the present precisely through its conservation of ritual actions

appropriate to an earlier form of social existence: 'Can we assume that these plays [the specific reference is to folk plays recorded in modern times, N. D.] reflect not only the older ways of life but also serve a kind of defensive function against the threat of communal dissolution?'

6   Billington, *Mock Kings*, p. 3.

7   Translated from J. S. Purvis [ed.], *Tudor Parish Documents*, Cambridge, 1948, pp. 160-1. The case is further discussed and the translation of the main deposition is set alongside the original in my 'The Playing of Miracles', Ph.D. thesis, Cambridge, 1977, p. 29-31. The records which Purvis discovered are rather more fully presented in R. E. Parker, 'Some records of the "Somyr play"', R. B. Davies and J. C. Lievsay [eds.], *Studies in Honor of John C. Hodges and Alwin Thaler*, Knoxville, 1961, pp. 19-26.

8   See Thomas Lodge's description of a Jester (1596), as cited by Enid Welsford, *The Fool*, London, 1953, p. 24: 'He laughs intemperately at every little occasion, and dances about the house, leaps over tables, outskips men's heads, trips up his companions' heeles, burns sack with a candle, and hath all the features of a Lord of Misrule in the countrie.' According to Thomas Stubbes, who as Billington notes seems to be applying the term 'Lord of Misrule' indifferently to mock kings of the summer or winter, this figure leads a full-blown anti-Christian revel; see F. J. Furnivall [ed.], *Anatomie of Abuses in the Kingdom of Ailgna*, London, 1877-82, p. 147.

9   See Alexander Fabritius (Carpenter), *Summa, seu Destructorium Vitiorum*, Venice, 1582, pars 6, cap. II, 61; fol. 249^r.

10 For an extensive and differently-focused discussion of these issues, see Billington, *Mock Kings*, pp . 1-113.

11 The main source of information concerning them is M. Walbancke [ed.], *Annalia Dubrensia* [London, 1636], Menston, 1973. See also the account in Billington, *Mock Kings*, pp. 80-4.

12 It is not known whether Lincoln, in common with York and Norwich, possessed a Christmas King, but the 'Crying' appears to have performed the same function as the proclamation which, according to John Leland, accompanied the riding of the York King. For the latter, see Alexandra Johnston, 'Yule in York', *REED Newsletter* 1 (1976), p. 5.

13 S. J. Kahrl [ed.], *Records of Plays and Players in Lincolnshire, 1300-1585* [Malone Society Collections, VIII], Oxford, 1974, p. 102.

14 Natalie Davis, 'The Reasons of Misrule', p. 55, observes that, in comparable French ceremonies, temporarily assembled bands of youths gave raucous expression to what was finally the community's own moral judgements.

15 N. J. O'Conor, *Godes Peace & the Queenes: a study of the Norreys fa-*

mily, London, 1934, p. 111.

16 See W. Hudson and J. C. Tingey [eds.], *Selected Records of the City of Norwich*, Norwich, 1906, vol. I, p. 340.

17 See the Melton Mowbray parish accounts for 1563 as presented in L. William Kelly, *Notices Illustrative of the Drama and Other Amusements*, London, 1865. Four hundred liveries were purchased in that year for a Whitsun King game.

18 See C. Pythian-Adams, *Local History and Folklore*, London, 1975, p. 28.

19 For an analogous courtship-game cultivated by the French aristocracy, see E. Langlois, 'Le jeu du Roi qui ne ment et le jeu du Roi et de la Reine', *Romanische Forschungen* 23 (1907), pp. 163-73. The game crops up in Adam de la Halle's *Robin et Marion*.

20 *Cf.* the 'Order of Brothelyngham' at Exeter, noted in 1348; Chambers, *Mediaeval Stage*, vol. I, p. 383, paraphrases, 'These men ... choose a lunatic fellow as abbot ... and for day after day beset in a great company the streets and places of the city, capturing laity and clergy, and exacting ransom from them "in lieu of a sacrifice"'.

21 The account is printed in Chambers, *Mediaeval Stage*, vol. I, p. 394, n. 4.

22 *Cf.* William Warner, *Albion's England*, London, 1602 [STC 25083], p. 120: 'And Lard and Ladie gang till Kirke with Lads and Lasses gay.' Pythian-Adams, *Local History and Folklore*, pp. 32-5, identifies a fairly consistent three-part structure in pre-Reformation social customs: mobilisation (usually in the form of a procession)—central observance—communal feasting.

23 This has been suggested by C. L. Barber, *Shakespeare's Festive Comedy*, Princeton, 1959, pp. 44-5.

24 F. J. Furnivall [ed.], *Handlyng Synne* [EETS o.s. 119], London, 1901, p. 283, ll. 8987-98. See my 'The meaning of the word "interlude"', *Medieval English Theatre* 6 (1984), pp. 5-15.

25 See E. P. Thompson, '"Rough Music": Le Charivari Anglais', *Annales: Economies, Sociétés, Civilisations* 27 (1972), pp. 285-312; and compare the games played by Christ's tormentors in the English cycle plays, and the fate of York in Shakespeare's *Henry VI*, part III.

26 For fragmentary texts of such plays, see W. W. Greg [ed.], *Collections I* [Malone Society], London, 1907 11, pp. 120-1, 127-36. A headnote to the second text, printed *c.* 1560, states that it is 'verye proper to be played in Maye games'.

27 Morison took the view that Robin Hood plays taught people disobedience, by virtue of their subject matter, and typically led to 'lewdness and ribaldry'. *Cf.* G. R. Elton, *Policy and Police: the enforcement of the*

Reformation in the age of Thomas Cromwell, Cambridge, 1972, p. 185.

28 See Axton, *European Drama*, pp. 161-8.

29 For the texts, see Norman Davis [ed.], *Non-Cycle Plays and Fragments* [EETS s.s. 1], London, 1970, pp. 114-5, 90-105. It is worth noting that in the *Prologue* the "Emperor's" soldier or messenger demands obedience both 'bi Mahoun' and 'bi this day', the second suggesting an appeal to the rights of the season.

Structural and Thematic Recurrence
in *Beunans Meriasek*

Merle Fifield

For another Meriadoc

Cultic venerations of sites in Camborne parish inspired the late fifteenth-century Cornish *Ordinale de vita Sancti Mereadoci episcopi et confessoris (Beunans Meriasek).*[1] The narrative structure of *Beunans Meriasek*, however, remarkably differs from the dramatic action of saint plays in which all the major scenes characterize one local patron. In the more usual hagiographic commemorations, the characterization and character of the subject unify the decisive events into a single plot which constitutes the dramatic action of the saint play and therefore also conveys its thematic significance. *Beunans Meriasek*, on the other hand, characterizes three principals in three separate plots—the life of Meriasek, two acts of Silvester, and the Marian miracle of the Woman's Son. Although interpolations tenuously link Silvester's character and the Marian miracle to the Meriasek plot, the character of Meriasek does not motivate Silvester's acts; and the Son's petitions, rather than Meriasek's pieties, explicitly merit the Virgin's intercession.

Interpolations, nevertheless, encourage recognition of intrinsic, literal parallels in the discrete narratives. Reconstruction of the playwright's source for the Meriasek plot and reference to an inclusive version of Silvester's life suggest other allusions which increase the possible number of recurrent topics and motifs. During the late Middle Ages when even one analogical characteristic was received as both the sign and the substance of the unity between

Creation and its Creator, the playwright and the audience may have understood the characters of Meriasek, Silvester, and the Woman's Son as typological and tropological figurations of each other, representing an ideal for the moral life which transcends the Three Estates of medieval society.

The chronological development of the life of Meriasek can be described by the simple narrative order of beginning, middle, and end.[2] The characterization and character of Meriasek, therefore, provide continuity, but the plots of Silvester's acts and of the Marian miracle are not organized by the subject and the chronology of the Meriasek plot. Sylvester's conversion of Constantine forestalls the narrative development of Meriasek's announced intention to found a Marian chapel near Castle Pontivy, County Rohan, Brittany, and to live out his life in hermitage there. Silvester's act is represented as a seemingly independent narrative unit, opened by Constantine's vaunt and concluded by a procession to Silvester's episcopal palace.[3] Although Constantine introduces the second day's performance, he does not otherwise participate in the Meriasek plot, and Meriasek has no role in the Emperor's conversion.

The narrative sequence of the play, moreover, does not juxtapose Silvester's conversion of Constantine and his expulsion of a dragon. Silvester's two acts are isolated from each other not only by scenes from the Meriasek *vita* but also by the miracle of the Woman's Son. Rhetorical markers again encapsulate Silvester's act within the Meriasek plot. It opens with an announcement of a dragon hunt by pagan magi and ends with another procession to the episcopal palace. The events in the Silvester plot are connected by the reappearance of his character and by the technique of characterizing him through his acts, but they are not conjoined to each other by sequential, chronological, or causal narration. Since Meriasek does not participate in either of Silvester's acts, the conversion and the expulsion are also not unified with the narrative structure of the Meriasek plot.

The plot of the Woman's Son is likewise inserted into the series of miracles performed by Meriasek during his episcopacy, and it is developed independently from both the *vita* and Silvester's acts.[4] The miracle is introduced by the vaunt of King Massen and his announcement of a hunt, which precipitates a battle between him and an unnamed tyrant. Since the Son had implemented his intention to volunteer his services to Massen, he is captured and persecuted by the tyrant. The Virgin's intercession and the Son's escape are closed by the Woman's return of the Infant Jesus statue to the Marian chapel, from which she had stolen it in vengeful despair for her son's life. The conflicts in the miracle and their resolutions characterize the Son, the Woman, the Tyrant, the Virgin, and Christ; but the plot of the miracle does not contribute to the characterizations of either Meriasek or Silvester.

Silvester's two acts and the Marian miracle thus fragment the chronological order of the Meriasek plot, which serves as the vehicle of the three shorter narratives. The text, however, intrinsically demonstrates an historical awareness of Meriasek's characterization as a basis for unity in narration. Although Meriasek does not have a structural role in Silvester's episodic acts, the quality of his virtue is authenticated by Pope Silvester's anachronistic approval of his having been elected bishop.[5] The Virgin's intercession, but not the conflict of the miracle, may also implicitly characterize Meriasek. The site of the miracle may have been understood as the Camborne shrine, endowed by Meriasek, if not founded by him. The plot of the miracle, however, recounts the Son's virtuous constancy, his mother's vicious loss of faith, and her restitutive conversion.[6]

The characterization and character of Meriasek thus do not unify the plot structures of Silvester's acts and of the Marian miracle with the chronological narration of the *vita*. The first editor and translator of the play, Whitley Stokes, commented that the narrative of *Beunans Meriasek* is 'unskillfully pieced together.'[7] Robert Meyer described the Marian miracle as 'padding' and concluded in his source study that it 'has nothing to do with Meriasek.'[8] Charles Thomas compared the saint play to 'a ten-tiered cake.'[9] Markham Harris, on the other hand, proposed a narrative structure for unifying the dramatic action of the play.

Harris described a 'plot structure' comprised of the Meriasek and Silvester events as 'two major strands' and the Marian miracle as 'a play within a play', 'an interlude'. He further recognized 'patent correspondences, parallels, homologous parts' which integrate the three components of the 'plot structure' in one 'antiphonal action'.[10] Harris considered textually intrinsic 'correspondences of event' in the characterizations of Meriasek and Silvester to be 'reinforced by counterparts in attainment and identity', which he discovered by comparing the Meriasek 'strand' with an extrinsic *vita* of Silvester.[11] Harris concluded, 'Meriasek's career is seen to parallel that of Silvester', so he described a structural unity of the Meriasek and Silvester 'strands' as a basically chronological order of topics—'the religious vocation, the education, the priesthood, the traditional reluctance to assume the episcopal mitre, the miracles of healing, the ultimate sainthood.' In Harris' analysis, the importance of the Camborne chapel in the cultural context of the play and possibly multiple use of a stage set connect the Marian miracle to the Meriasek narrative.[12]

Harris' model for the dramatic action of the Meriasek and Silvester narratives omits Meriasek's structurally and culturally significant peregrination to Cornwall, as well as the persecutions of the two saints which Harris himself had cited as topical evidence for unity of action. A narrative construct based on a chronological succession, moreover, cannot accommodate the order of narration in the miracle of the Woman's Son, which develops and resolves a catastrophic moral dilemma between death in the hope of eternal redemption and life at the certain risk of eternal damnation.[13] Although topics of characterization in the Marian miracle do recur in either the Meriasek or the Silvester narrative, no one topic intrinsically characterizes all three exemplary protagonists.

An extrinsic allusion to genealogy may, however, refer a secondary character in the miracle—King Massen / Emperor Maximus—to Constantine in the first of Silvester's acts, and the genealogy of politics may cross-reference Massen and Meriasek. Confusions of Maximus' wife Helen of the Hosts with Helen, mother of Constantine, identified Maximus as the father of Constantine; and Meriasek's progenitor Conan Meriadec fought in Maximus' campaign against Breton resistance to his imperial ambitions.[14] In spite of the fact that Harris delineated these analogical allusions, he was not willing to validate their perception by historical audiences: 'the integration of the drama's subplot, Mary and the Woman's Son, with both its main plots becomes manifest to the modern eye, whether or not its medieval author was aware of the connective tissue that lies below the surface of his composition.'[15] More importantly, however, a genealogical recurrence in the characterizations of King Massen and Emperor Constantine and a genealogical recurrence of King Massen's politics in the characterization of Meriasek do not also represent the characters of Silvester and of the Son.

Harris' method of extrinsic, as well as intrinsic, comparisons and his demonstrations of structural recurrences do, on the other hand, establish a critical strategy which enables formulation of additional analogies. Extrinsic analogues can explain the playwright's selection of Silvester's acts and of the Marian miracle to amplify the *vita* of Meriasek. Extrinsic comparisons, moreover, establish qualities of character common to all three protagonists and complete a narrative motif which recurs in each of the three plots. In the saint play or in an extrinsic analogue to it, each of the protagonists endures an imprisonment which tests the perseverance of his will in faith, hope, and charity. The protagonists' fortitude and patience then merits temporal salvation of bodily life or eternal redemption of the soul by Christ.[16]

Surviving texts authorize extrinsic comparisons between events in the saint play and analogues which the spectators could have recalled from their memories of stories about Silvester and about

Mary's intercession on behalf of the Woman's Son.[17] The play-wright's dramatization of Breton episodes can also be compared with the Proper of Vannes in order to identify any inventions which may have been inspired by analogues in Silvester's hagio-graphy or in the Son's legend.[18] The disappearance of the play-wright's Cornish sources and the paucity of the evidence for late fifteenth-century parish customs prevent, on the other hand, mod-ern identification of structural recurrences which would have his-torically depended upon the audiences' remembrance of Meria-sek's peregrination. The geographic distributions of parishes in Cornwall and in Brittany and the cultural context of the saint play do, however, warrant using the *vita* of Fingar as a model for re-constructing events which would have characterized Meriasek as a type of the insular Celtic saints.[19]

Meriasek and Fingar were venerated in the same geographic areas. The Camborne parish is contiguous with the parish dedicat-ed to the Irish peregrinator Fingar. In Brittany, Fingar was honor-ed by a chapel in Vannes, seat of Meriasek's diocese. The Breton association of a locale with both Meriasek and Fingar continued into the century after the Cornish saint play when a major chapel dedicated to Meriasek was built on an older foundation in the pa-rish of Pluvinger, the site of Fingar's conversion to Christianity and of another chapel dedicated to him. On the evidence of place names, Gilbert Hunter Doble concluded in *The Saints of Corn-wall* that Meriasek had been born in Wales, rather than in Britta-ny, and that he may have accompanied Fingar in that saint's mis-sion. Doble further believed that Meriasek may have landed with Fingar at Connerton, but that he escaped the martyrdom there of Fingar and his other companions to live in hermitage near Stival, Brittany. In *Lives of Welsh Saints*, Doble reiterated his conclu-sion that Meriasek and Fingar were 'constantly associated with each other' in hagiographic and popular tradition, without regard for the approximately three centuries which had passed between their most probable life-times.[20]

The saint play and the *vita* of Fingar also document character-istic events which classify Meriasek with Fingar in that legion of well-nigh interchangeable Irish-Welsh-Cornish-Breton saints, er-ratically and miraculously peregrinating over the Irish Sea and the English Channel from the middle of the fourth century until the close of the eighth. Fingar refused his inheritance of a kingdom, as Meriasek abjured his right of inheritance to the Duchy of Brit-tany and rejected marriage with the daughter of King Conan.

Both peregrinated to Cornwall, and both withdrew into hermi-tage in Brittany. The wells still attributable to Fingar in Cornwall and Brittany outnumber those of Meriasek in each locale by two to one, and a Breton well supplied the hermitage of Fingar, as the Camborne well sustained Meriasek in his Cornish hermitage.

Theodoric martyred Fingar in Cornwall, and the Cornish Teu-darus imperator threatened Meriasek with martyrdom. Gilbert Hunter Doble noted a traditional identification of Theodoric and Teudar, and Sabine Baring-Gould, who likewise considered the tyrants one and the same, suggested that the Theodoric-Teudar of the hagiographies could have been a minor Cornish prince with a palace on Fal near present day Goodern (Gwydd-tiern) in the pa-rish of St. Kevern (*c.* 510–26).[21]

The extraordinary asceticism characteristic of both Meriasek and Fingar, their fabulous miracles of wells, the probable identity of their persecutors, and the anachronistic implosion of historical centuries into one continuous, glorious moment of Grace replicate traditionalized exaggerations in the *vitae* of those whose hermitic vocation had called them beyond the Continental authority of even the most flamboyant Gallic rites. Their spiritual congruity resulted in a homogeneity of subjects and styles which not only allowed but also enabled characteristic repetition of favored topics and mo-tifs in *vitae* throughout the galaxy of insular Celtic saints.

The pagan Celts of the British Isles greatly valued, for exam-ple, the actual wealth and social prestige of owning a renowned seminal bull, a cow of unsurpassed milk production, and their prodigious get.[22] Resurrection or return of famous cattle therefore proved the strength of a saint's faith and evidenced his status with God.

Fingar performed cattle miracles both before and after his death. Leaving Ireland for the second time, Fingar and his companions landed without prior notice near the Cornish hermitage of Hya. With charitable hospitality, she butchered her only milk cow in order to feed her unexpected guests. After the feast, Fingar wrapped the bones in the hide and raised the cow into life. Thereafter the cow and her heifers gave three times the milk of other cows.[23] Coruria in Coneteonia also fed her cow to Fingar and his followers, and, with equal charity, her neighbours stripped their thatched roofs to make enough beds for the company. Fingar again resurrected a cow from bones and hide, and he also gave the villagers back their roofs.[24]

The spirit of the martyred Fingar provided food for the meritorious by gentling a savage bull. Workers were going without food while they were building a church dedicated to the saint. Fingar therefore appeared to neighbouring farmers in a vision and commanded them to butcher their cattle to feed the builders. In an act of doubled charity, he ordered a farmer to take his savage bull to the butchers, but the farmer did not know how he could lead the beast. As Fingar approached, the bull quieted and allowed the saint to lead him to the slaughter house.

Fingar also protected the cattle of those who served him. After the church had been completed, thieves stole the Sacristan's cow, but lights miraculously appeared on her horns and frightened away the thieves before they could kill or sell her. On her way back to her stable, the cow was joined by another, and thus Fingar rewarded his faithful Sacristan by doubling the number of his cattle.[25]

Celtic enthusiasm for wondrous cattle, as well as the geographic and hagiographic association of Meriasek with Fingar, may have resulted in popular or canonical characterization of Meriasek by cattle miracles comparable to those worked by Fingar. Patrons of the Graeco-Roman civilization, like Silvester, were, on the other hand, so infrequently venerated for their powers over cattle and the protection of their ownership that the sign of a bull could iconographically distinguish Silvester from others in the Communion of Saints.[26] Although Silvester's bull may have signified his conversion of Mithraic Romans in general, the choice of attribute specifically referred to a public trial of the strength of Silvester's faith and his state of grace which he had demonstrated by his conversion of Constantine.

The Emperor's conversion infuriated his mother Helen, who had yet to accept Christianity. She therefore sent learned Jews to her son's court to argue against Silvester's promulgation of the faith. Having failed to defeat Silvester's cause, the Jew Zambri resorted to magic in order to prove that his God had the greater power to protect the Emperor and the Empire. Zambri killed a notoriously vicious bull by merely whispering in its ear. The exultant Jews then derided Silvester with a promise to convert if he not only raised the bull but also calmed its nature. Silvester performed the miracle. The Queen and her cohorts converted, and Helen later discovered the Cross while she was on penitential pilgrimage to Jerusalem.[27]

Beunans Meriasek, admittedly, does not characterize either Meriasek or Silvester as workers of cattle miracles. The recognition value of a bull as signification of Silvester depended, however, upon common knowledge of his having converted Helen by miraculously taming and resurrecting a bull, and Helen's Invention of the Cross was renowned throughout Christendom. The play, furthermore, represents the conversion of Constantine which caused Helen to challenge Silvester.

Silvester's first act in the saint play could therefore have reminded the audience of his bull miracle and directed the spectators' attention to the fact that miracles of taming and resurrecting cattle also characterize Meriasek's companions, if not the saint himself. The intrinsic evidence of Constantine's conversion and the causal dependence of Helen's conversion upon Constantine's warrant a supplemental analogy between the Silvester *vita* and Celtic *vitae* which structurally justifies the playwright's specific choice of Silvester's acts for interpolation into a life of Meriasek.[28]

The text of the saint play also documents the playwright's strategies of selection, expansion, and interpolation which complete intrinsic structural analogies based on the topic HUNT. From the canon of Silvester's acts, the playwright chose his expulsion of a dragon. Although the alternative sign of Silvester, the dragon, may account for the playwright's choice, neither iconographic tradition nor textual authority warrant the playwright's expansion of the preliminary hunt by the magi.

The expansion of the dragon hunt might be considered a replication of the order for narrating Silvester's first act, in which the pagan's failure to cure Constantine's leprosy precedes Silvester's miracle of healing and, by contrast, emphasizes the characteristic quality of Silvester's faith. A climactic model for Silvester's acts, regardless of their topic, does not, however, account for the playwright's invention of a hunt as the exposition for the miracle of the Woman's Son in which, moreover, the pagan antagonist initially defeats the Son. Since the playwright's selection, amplification, and invention of hunting scenes cannot be unilaterally attributed to the influence of sources or of dramatic contexts, the topic HUNT and its development as narrative motifs probably had a rhetorical function specific to *Beunans Meriasek*.

Recurrences of literal hunts evoke figurative interpretations of other scenes as metaphoric allusions to the topic. Meriasek's and Silvester's persecutions can be compared to game hunts, and the causal relationship between the hunt and the battle in the Marian miracle permits extension of the hunting metaphor to the Son's capture. Since the Woman herself compares her theft of the Virgin's Son to the capture of her own Son, the Woman's crime may also be included among the examples of figurative hunts.

Literal and figurative hunts characterize Meriasek, Silvester, and the Son as personages each of whom is associated with the hunt and therefore structurally unified with the other two by an analogous event. The recurrent narrative functions of Meriasek, Silvester, and the Son in their characteristic scenes of representational or metaphoric hunting further contribute to two paradigmatic orders of narration which are contrasted by a principal's being either the hunter or the hunted. Secondary characters, however, are always represented as hunters.

Intrinsic analogies demonstrate the structural importance of both orders to narrative characterization of the three principals. The paradigms can be displayed by statements which summarize each structural phase in a hunting narrative, and the uninterrupted plot of the Marian miracle provides an effective basis for comparisons. Visual arrangement of the statements locate those phrases in the order of narration which do not occur in a principal plot. Reference to extrinsic analogues demonstrates, however, that both the paradigmatic orders of narrating hunts apply to all three protagonists.

Meriasek, Silvester, and the Son, as well as the Woman and magi, function as hunters in the dramatized plots.

Son hunts game.	Silvester hunts dragon.	Magi hunt dragon.	Meriasek encounters wolf.
Woman hunts Mary's Son.	Silvester expels dragon.		Meriasek expels wolf from Breton shore.
Woman steals statue of Mary's Son.		Magi killed by dragon.	Meriasek attacks robbers with holy fire.
Woman is returned to faith by Son; Woman saves soul through penitential return of statue and presumably achieves salvation through right-living.	Silvester cleanses Rome and therefore saves Romans from demonic dragon.	Magi are converted by Silvester, and they presumably achieve salvation through right-living.	Robbers are converted to right-living by Meriasek; Count of Rohan institutes fairs in honour of saint..

Although the playwright did not amplify Meriasek's expulsion of the wolf, extrinsic analogues could have reinforced the characterization.

Celtic hagiographers and their readers generally delighted in game hunting scenes.[29] Moreover, decisive events in the life of Fingar occurred during hunts. When a pagan, Fingar needed to wash after he had killed a stag, and a fountain miraculously rose from his spear, which the future saint had driven into the ground for its safe-keeping. After his martyrdom, Fingar appeared thirteen times to his persecutor Gur, who repeatedly denied the saint burial. The saint convinced Gur to bury him when Gur's hounds refused to hunt a stag and Gur could not force their obedience.[30] Cornish attribution of similar miracles to Meriasek would have augmented intrinsic characterization of him as a hunter.

The paradigmatic order for narrative characterization of the hunted can be divided into two sub-classes. The hunted may or may not escape the hunter. Only the Meriasek plot represents both sub-classes intrinsically. The plots of Meriasek and of the Woman's Son, moreover, illustrate the greater importance of the catastrophic order in the development of narrative characterization.

Son is hunted by Tyrant.	Silvester is hunted by Constantine.	Meriasek is hunted by Teudar.	Meriasek is hunted by electors.
	Silvester escapes Constantine.	Meriasek escapes Teudar.	
Son is captured by Tyrant			Meriasek is captured by electors
and			and
threatened by death of the body; however, temporal life of the body would condemn the soul to eternal death.			threatened by death of the soul.
Son perseveres in faith, hope, and charity at the risk of martyrdom.			Meriasek perseveres in virtuous asceticism.

120

Son is saved from death of the body by Christ's response to the Virgin's intercession	Meriasek dies in body with solace from Christ
and	and
lives presumably in the salvation of soul through right-living.	his soul is eternally redeemed by Christ to await the bodily resurrection of the dead.

Silvester's escape from Constantine's persecutions places the Silvester plot in the paradigm, but the catastrophic test of character, capture by an antagonistic hunter, does not recur in the Silvester plot.

A Celtic *vita* of Silvester in the *Leabhar Breac*, however, preserves an event which would complete the paradigm by an extrinsic analogy with the Son's literal incarceration. In the years before Silvester's episcopacy, Timotheus visited him in Rome. When Tarquinius, Prefect of Rome, executed Timotheus, Silvester gave his body Christian burial. Tarquinius then captured and chained Silvester in order to obtain money which Timotheus supposedly carried and to force Silvester's apostasy. Silvester, none the less, praised God, Who took His vengeance on Tarquinius. While feasting, the Prefect choked on a fish bone and died. Freed of Tarquinius' repression, the Christians broke into the prison and released Silvester.[31]

Silvester's persecution by Tarquinius completes the HUNT paradigm in which the viciously intended or morally misguided use physical force in an attempt to reverse a protagonist's moral convictions. The development of the topic as a motif—capture, temptation, constancy, and release through Christ's intervention—recurs not only in an extrinsic comparison of Meriasek and the Son with Silvester, but also in an intrinsic analogy between Meriasek and the Son. The topic and the motif therefore further justify the playwright's amplification of the Meriasek plot by the Silvester hagiography rather than by that of another Pope.

Extant legendaries, moreover, document revisions of the catastrophic capture in the Marian miracle which are probably the work of the playwright. The version in *Beunans Meriasek* shifts the focus of the catastrophe from the Woman to the Son and attributes the Son's escape more to Christ's intervention than to the Virgin's intercession.[32] The structural contrasts between the dramatization and the traditional story of the Marian miracle thus permit a more exact analogy with the intrinsic Meriasek plot and with the extrinsic hagiography of Silvester.

Surviving texts therefore validate selection and manipulation of sources by the playwright which increase the number of recurrent topics and their motifs in the narrative characterizations of the three principals. Comparisons of *Beunans Meriasek* and extant texts further identify departures from sources which improve characteristic analogies. Textually authorized parallels can, moreover, be supplemented by reconstruction of the playwright's Cornish source on the model of the *vita* of Fingar with whom Meriasek was associated by parish geography, hagiographic history, and cultural identity.

Table I collects by topic the intrinsic, extrinsic, and supplemental analogues which characterize Meriasek, Silvester, and the Son. Of the seventeen structural analogies, nine cross-reference the characters of all three principals, five characterize Silvester and Meriasek, two characterize Meriasek and the Son, and one characterizes Silvester and the Son. The three plots of *Beunans Meriasek* represent their principals as individually contrasted personages who, none the less, depict a set of common qualities.

The recurrent topics which unify the characterizations also express the thematic significance of each protagonist and therefore of all three protagonists. Meriasek, Silvester, and the Son exemplify a moral type—the ideal Christian. Their portrayals as members of social classes generalize the application of the theme.[33]

Silvester may be considered a member of the aristocracy to the degree that the Papacy outranked every other level in the clerical and lay hierarchies, and the play characterizes him as comfortable with his administrative status. Although a bishop as well, Meriasek is always depicted as uncomfortable with high civil or ecclesiastical station. Like other medieval examples of perfect clergy, he lives in personal poverty, in charity with God and with his neighbours. The humble Son obviously belongs to the lowest class in medieval society. The protagonists together portray the Three Estates, and unification of their characterizations universalizes the moral ideal signified by each and all of the three principals.

Table I, however, also demonstrates that structural analogies in narrative characterizations do not similarly incorporate the three plots into a single order of narration—a dramatic action. Table I organizes the topics of analogical characterization according to the chronological sequence of the Meriasek plot. The cross-references to the narrative structure of the Meriasek plot destroy the sequences and related structures of the other two narratives. The chronology of the Meriasek plot therefore does not constitute a narrative structure which unifies the three plots. The HUNT paradigms, on the other hand, recommend patterns of narration which recur in each plot yet which accommodate structural variation and individual histories.

The Meriasek plot doubles the paradigm in which the protagonist is hunted and develops both alternative catastrophes. Teudar does not capture Meriasek, but the electors do. The Meriasek plot thus narrates a course of events proceeding from the success of an antagonistic hunter. The protagonist continues in faithful, hopeful charity with God to receive the Grace of Christ's mercy.

Paradigmatic variants occur as the narrative structures of Silvester's and the Son's plots. Silvester's first act doubles the escape from the hunter and combines it with the resolution of the capture. Silvester hides from Constantine's persecution, then obeys Christ at the risk of being captured, and finally achieves security through miraculously curing and converting Constantine but without having endured imprisonment. The extrinsic analogy with Silvester's persecution by Tarquinius, of course, develops the pattern of capture in a close parallel to the Son's plot.

Meriasek's victory over the wolf marks his return to Brittany, and his climactic conversion of the robbers concludes his acts on the first day of the play. The narrative of Silvester's second act also doubles this HUNT paradigm: the magi fail, Silvester succeeds. In the plot of the Marian miracle, the Son presumably hunts effectively, and the Woman succeeds in her theft. The two HUNT paradigms thus account for orders of narration in all three plots.

A correlation between the moral character of the hunter and the consequences of the hunt expresses the thematic significance of the plots. The Son, Silvester, and Meriasek hunt animals: Silvester and Meriasek, also presumably the Son, master their game. The dragon, however, overcomes the magi, and the Woman's success results from a sin against the Holy Ghost. Thus the morally intended hunters succeed, and immorally motivated hunters fail or endanger their souls.

The narrative paradigm of the hunted protagonist replicates the penitential pilgrimage of life. Imprisoned and tempted by the flesh, the ideal Christian endures in faith, hope, and charity to be saved or redeemed by Christ. Acts of the persecuted protagonists, moreover, thematically unify the two HUNT paradigms on the model of Christ's resolution of the human conflict. Silvester converts his persecutor Constantine, and he later resurrects and converts the magi, although the recalcitrant Tarquinius in the extrinsic analogue dies without Grace. The Son similarly reforms the Woman, who makes restitution for her sin. Meriasek, the primary protagonist, influenced the moral conduct of Christians in his lifetime, and, by his example and with his help, late fifteenth-century Cornish persevere in right-living. Analogy thus unifies the characterizations and the plots of *Beunans Meriasek* on separate bases. The characters of the protagonists represent the qualities common to good Christians; their plots severally and jointly replicate Christ's and Christians' penitential, charitable action.

Table I

CHARACTERISTIC RECURRENCES

[ ]   Content which is not represented in the play but which was
       generally known
(I)   Probable interpolations
(R)   Reconstruction
(H)   Parallels recognized by Markham Harris
(M)   Parallels suggested by Brian Murdoch

Meriasek	Silvester	Son
pious childhood and youth	["vocation", "education", "priesthood" (H)]	pious youth
descendent of Conan Meriadoc, supporter of Emperor Maximus	conversion of Constantine, putative son of Emperor Maximus (H)	King Massen, father of Constantine and political favorite of Conan Meriadoc (I, H)
peregrination to Cornwall	retreat to Mt. Socrate (H)	
intention to found Camborne chapel, discovery of well		theft and return of statue (H)
[miracles involving cattle (R)]	[resurrection of bull]	
Teudar		Tyrant (H)
pagan sacrifice (? I)		pagan sacrifice (I, H)
comic scenes between Teudar and torturers (? I)		comic scenes between Tyrant and followers (I, II)
torturers hunt for saint; [conversions of Fingar and of Gur during hunts (R)]	persecution by Emperor; dragon hunt	confrontation during hunt and capture of Son
concealment under rock	retreat to Mt. Socrate (H)	

[Table I, Continued]

Meriasek	Silvester	Son
expulsion of wolf upon arrival in Brittany	expulsion of the dragon (H)	
election and forced conse-cration; prayer to Virgin	["traditional reluctance to accept episcopal mitre" (H)] [imprisonment by Tarqui-nius; praise of God]	imprisonment by Tyrant; prayer to Virgin (H)
	rescue of Children (M)	intercession of Virgin, in-tervention of Christ (M)
cure of two lepers	cure of Constantine's leprosy (H)	
Peter and Paul sent by Christ to solace saint	Peter and Paul sent by Christ to aid Silvester in cure (M)	Virgin and angels sent by Christ to prison (M)
death the only release from episcopal public life; solace from Christ	[God's vengeance on Tar-quinius; release from prison by Christians after death of Tarquinius]	release by Christ response to the Virgin's interces-sion (M)
redemption by Christ	[canonization (H)]	[salvation through right-living]

Notes

1   MS Peniarth 105, National Library of Wales, was among the Hengwrt MSS inherited by William Watkin Edward Wynne (1801–80). Cf. Robert T. Meyer, 'The Middle Cornish Play *Beunans Meriasek*', *Comparative Drama* 3 (1969), p. 54. The play was first printed in a dual-language edition, Whitley Stokes [ed. and trans.], *Beunans Meriasek: The Life of Saint Meriasek*, London, 1872, later revised by R. M. Nance and A. S. D. Smith [eds.], *The Cornish Ordinalia*, [s.l.], 1989 [rpt]. The Stokes translation has been considered a literal one, but Markham Harris translated the text for the generally educated reader: *The Life of Meriasek: A Medieval Cornish Miracle Play*, Washington, 1977. Also, Myrna Combellack-Harris, 'A Critical Edition of "Beunans Meriasek"'. Diss.

University of Exeter, 1985. The study is based on the Stokes translation, but the textual evidence has been referred to the Harris version.

A colophon dates the completion of the uniquely surviving copy as 1504 (*cf.* Harris [ed.], *Life of Meriasek*, p. 3, Meyer, 'Middle Cornish Play', p. 54). David C. Fowler, 'The Date of the Cornish *Ordinalia*', *Medieval Studies* 23 (1961), pp. 91-128, used place names to date the text as early as 1300–75, possibly 1350–75. Robert Meyer, on the other hand, described the dialect as 'still pure Middle Cornish ... but there is a greater admixture of Middle English vocabulary' (p. 55). On the basis of comparisons with the language of the Biblical *Ordinalia*, Meyer determined that *Beunans Meriasek* post-dated the *Ordinalia* by approximately one hundred years, and he proposed 1475–1500 as the most probable date for *Beunans Meriasek* (p. 55).

Harris [ed.], *Life of Meriasek*, p. 5, described the date of composition as 'toward the close of the 15th century, about three generations later than the *Ordinalia*, one generation earlier than the date of the colophon.' Harris considered the evidence insufficient to prove or disprove composition of individual episodes before 1475. In his 'Introduction' to *The Saint Play in Medieval Europe*, Kalamazoo, 1986, p. 6, Clifford Davidson accepted the *c.* 1475–1500 dating. Charles Thomas, *Christian Antiquities of Cornwall*, St. Austell, 1967, vol. II, p. 23, described the composition as probably late fifteenth century.

Thomas also associated *Beunans Meriasek* with Glasney, Penryn, 'The main intellectual centre of west Cornwall and a known focus for the production of such miracle plays.' Thomas theorized that between 1495 and 1501 John Nans and Alexander Penhylle (Penhale) may have shared with the playwright their erudition and their specific knowledge of the Camborne area. Thomas, on the other hand, did not attribute the text itself to Nans and Penhylle. Harris described a late fifteenth-century interchange of these two scholars between Glasney and Camborne. Dr. Nans was Provost of Glasney (1497–1501), at which time he was appointed Rector of Camborne. Master Penhylle, Rector of Camborne for a year, served as Rector of the contiguous parish of Illogan (1493–1500) and also as Prebend of Glasney from 1495 on (Harris [ed.], *Life of Meriasek*, p. 4). Whether or not the place of the original composition should be located nearer Glasney than Camborne, the text dramatizes episodes in the life of Meriasek which motivated venerations in Camborne as late as the nineteenth century.

The Bollandists could not find an antique Latin *vita* of Meriasek, but authoritative dictionaries permit a composite hagiography. Born *c.* 626

and raised in the court of Amorica, Meriasek was ordained, perhaps by Hincweten (Hingueten), Bishop of Vannes, and withdrew into hermitage at Pontivy (incorrectly Pontelyn). F. G. Holweck located his hermitage at Stival, three kilometers northwest of Pontivy, where, in a sixteenth century chapel, a *prie dieu* was venerated as that of Meriasek and a bell known as 'St. Meriasek's bonnet' was put on the head of a deaf person and rung (*cf.* Gilbert Hunter Doble, *The Saints of Cornwall*, [ed.] Donald Attwater, vol. I: *Saints of the Land's End District*, Chatham, 1960, p. 127). The chapel in the Rohan castle at Pontivy is, however, dedicated to Meriasek (Harris [ed.], *Life of Meriasek*, p. 125, n. 8).

Meriasek was elected Bishop of Vannes in 666 and died *c.* 686 (*cf.* Sabine Baring-Gould, *The Lives of Saints*, Edinburgh, 1914 [new and rev. ed.], vol. III, p. 26, Appendix, and F. G. Holweck, *A Biographical Dictionary of the Saints*, St. Louis, 1924 [rpt. Detroit, 1969]).

The Breton Dominican, Albert le Grand, published in 1636 a *vita* in his *Vies des saints de la Bretagne armorique* and referenced it to a Vannes Proper of Saints and to a legendary held by the church of St. John Traoun-Meriadoc (Valley of Meriasek) on the north central coast of Brittany, where evidence of cultic venerations survives (Harris [ed.], *Life of Meriasek*, p. 6). Clifford Davidson, 'Introduction', p. 3, commented on the importance of liturgical evidence: 'Indeed the veneration of the saints became deeply embedded in the liturgy'. See also Catherine E. Dunn, 'The Saints' Legend as *Mimesis*: Gallican Legend and Medieval Culture', *Medieval and Renaissance Drama in England* 1 (1984), pp. 13-27.

Seven of the *lectiones* for 7 June in the Vannes Proper, the Feast of Meriasek, recount the saint's life in Brittany (for a summary, see Meyer, 'Middle Cornish Play', pp. 56-7). The Breton events in the play are without doubt based on a source comparable to the Vannes Proper, but the *lectiones* make no mention of a peregrination to Cornwall (Meyer, 'Middle Cornish Play', pp. 57 and 62, and Harris [ed.], *Life of Meriasek*, p. 6).

Records and remains of cultic venerations in the Camborne area, none the less, document a popular, if not canonical, *vita* which provided the materials for the Cornish episodes. As in the play, the Camborne chapel dedicated to Mary was believed to have been endowed, if not founded, by Meriasek, and, up until the eighteenth century, his Feast was celebrated in Camborne on the first Friday in June (*cf.* Doble, *Saints of Cornwall*, p. 132). A well, such as that dug by Meriasek in the play, was the object of cultic veneration and folk observances through the first half of the nineteenth century (Thomas, *Christian Antiquities*, p. 125; Harris [ed.], *Life of Meriasek*, pp. 126-7, n. 17). Although no records survive for venerations of Reems Rock, about a mile and a half southeast of Camborne church and near an old southerly route from Camborne to the Channel, it closely resembles the rock under which Meriasek hid from Teudar and from which he left to embark for Brittany (Thomas, *Christian Antiquities*, p. 36; Harris [ed.], *Life of Meriasek*, pp. 128-120, n. 129).

2   The plot line of the dramatized *vita* permits a clear demarcation between an exposition, ending with the saint's ordination and his intention to seek hermitage in Cornwall, and the implementation of that plan in his arrival at Cornwall. A critical division between development and conclusion is not so clearly indicated. The hiatus between the two days of the performance is immediately followed by a prologue spoken by Constantine and further miracles performed by the saint at his Pontivy hermitage. The prologue and initial scene on the second day of performance thus continue the action from the previous day and do not clearly initiate the narrative close of the Meriasek plot.

Arbitrarily describing the second episode on the second day, the report of the episcopal election of the Count of Vannes, as the initial scene of the close does, however, result in a long, twice interrupted conclusion. Division between the development and the close could be made formally after Silvester's expulsion of a dragon, before Meriasek's final miracle during his episcopacy and the scenes of his death. The close would then be extremely short and formally separated from its narrative onset — the election of Meriasek as bishop. The rhetorical question, however, does not alter a recognition of a three-part development in the Meriasek plot.

3   Meyer, 'Middle Cornish Play', p. 57, observed that Silvester and Constantine are regularly associated with each other in Celtic tradition, and Meyer's sources (Whitley Stokes [ed.], *The Calendar of Oengus*, Dublin, 1880, p. xxxvi for 18 January, and Robert Atkinson [ed], *The Passions and Homilies from Leabhar Breac*, Dublin, 1887, pp. 73-82 and 286-9) affirm his statement.

4   Markham Harris [ed.], *Life of Meriasek*, p. 12, constructed a genealogical association between the miracle of the Woman's Son and each of the other two plots. King Massen, whom the Son serves, has been generally identified as Emperor Maximus, who married Helen of the Hosts. According to Harris, Helen of the Hosts was frequently confused with Helen, mother of Constantine. Emperor Maximus King Massen would thus have been father to Constantine, converted by Silvester in the saint play. Harris also reported a folk identification of Conan Meriadoc, Count of

Brittany, as a supporter of Emperor Maximus in his invasion of Brittany.

5   Meyer, 'Middle Cornish Play', p. 55-6, referenced the *vita* in the Vannes Proper, printed 1630, to an earlier, no longer extant manuscript which 'must have been anterior to 1199'. The Proper and the play locate Meriasek's consecration as Bishop of Vannes at St. Samson's, Dol, which lost its metropolitan status in 1199. The confirmation of Meriasek's election by Pope Silvester, furthermore, might possibly allude to another Silvester from the second half of the eleventh century, Bishop of Rennes, Brittany, close to 1100, who was occasionally confused with the fourth-century Pope. The seventh-century Meriasek, moreover, could have been identified with a later Meriadoc, Confessor of the faith and Bishop of Vannes, who like the earlier saint, was noted for his asceticism and charity. According to tradition, the second Meriadoc died in 1302, and he is venerated on 7 June, the Feast of the earlier saint (Holweck).

6   A Latin rubric precedes the dramatization. Whitley Stokes transliterated it 'invenitur in Miraculis de beate Meriadoco'. Although Gilbert C. Doble accepted Stokes' reading, as apparently did Robert Meyer, Nance and Smith rejected it in their revision of the Stokes' edition, and Markham Harris omitted the rubric from his translation. Recent scholars, including Myrna Combellack-Harris, give preference to 'invenitur in Miraculis de beate Mariae'. They identify the miracle of the Woman's Son as one of the many Marian miracles popular in the Middle Ages rather than as an intercession specifically attributable to Meriasek's pieties. (See, for example, Brian Murdoch, 'The Holy Hostage: *De Filio Mulieris* in the Middle Cornish Play *Beunans Meriasek*', *Medium Aevum* 58 (1989), p. 269, n. 6.) The playwright and the audience of *Beunans Meriasek*, none the less, may have associated the miracle with the Camborne shrine in particular as evidence of Meriasek's sanctity.

Most literary historians have cited the analogue in Jacobus de Voragine, 'De Nativitate beate Mariae Virgins' (*cf.* Th. Graesse [ed.], *Jacobi a Voragine, Legenda Aurea vulgo historia lombardica dicta*, Breslau, 1890 [rpt. Osnabruck, 1969], pp. 591-2). Murdoch, 'The Holy Hostage', pp. 262-5, however, demonstrated the numerous possible analogues.

7   Stokes [ed.], *Beunans Meriasek*, p. viii.

8   Meyer, 'Middle Cornish Play', p. 63.

9   Thomas, *Christian Antiquities*, p. 23.

10   Harris, *Life of Meriasek*, p. 11.

11   Source studies usually cite the *Legenda Aurea* as an example of the kind of source the playwright used for Silvester's conversion of Constantine and his expulsion of the dragon.

12   Harris, *Life of Meriasek*, pp. 11-2.

13 The pagan persecutors of Meriasek and of Silvester do not capture them
    in the text of the saint play. They are, indeed, threatened by the possibili-
    ty of imminent death, but they escape the choice which the Son must
    make and the Woman must accept with penitential fortitude and patience.
14 Harris, *Life of Meriasek*, p. 12, see also n. 5 above.
15 *Ibidem.*
16 A. C. Cawley recommended in a private discussion of fifteenth-century
    English moral plays that a critical distinction be made between closes in
    which the humankind figure returns to or continues in right-living, but
    does not die, and closes in which the humankind figure dies and is re-
    ceived into Heaven. He suggested a contrast between salvation in this life
    and redemption into the next.

    The resolutions of both the Son's and the Woman's conflicts in the
    saint play represent salvation through right-living. The catastrophic alter-
    natives, however, correlate refusal to accept death with despair of God
    and, in the Mother's action, with a sin against the Holy Ghost also.
17 Clifford Davidson, 'Introduction', pp. 6-7, contrasted the influences of
    written liturgies, like the Proper of Vannes, and of popularly recognized
    signs for histories: 'Being far less dependent on liturgy, the vernacular
    plays [e.g. *Beunans Meriasek*, M. F.] are therefore more closely aligned
    with iconographic traditions of the time'.
18 Meyer, 'Middle Cornish Play', p. 62, observed that 'the play faithfully
    follows the outlines of the early Latin *vita*' and that Silvester's conver-
    sion of Constantine 'likewise follows the *Legenda Aurea*'. Harris, *Life
    of Meriasek*, p. 9-10, commented in his discussion of Silvester's acts
    that the dramatic version is 'extensively indebted to some compilation of
    tradition, very likely the *Legenda Aurea*'. He considered that the saint
    play 'dramatizes [its sources] quite faithfully', but some episodes, like
    the dragon hunt, are 'less literal and more selective'.
19 The *vita* of Fingar survives in collection dated *c.* 1300 and traditional-
    ly but incorrectly attributed to Anselm. It is summarized in Doble,
    Saints of Cornwall, pp. 100-5; Baring-Gould, *Lives of Saints*, Appen-
    dix 16, p. 198; Holweck, *Dictionary of Saints*; and *The Book of Saints*,
    comp. the Benedictine Monks of St. Augustine's Abbey–Ramsgate, New
    York, 1947[4].
20 Doble, *Saints of Cornwall*, pp. 110 and 133-4; Gilbert Hunter Doble,
    Lives of Welsh Saints, Cardiff, 1971, p. 145, n. 154.
21 Doble, *Saints of Cornwall*, p. 118; Baring-Gould, *Lives of Saints*,
    Appendix 16, p. 198: 'Fingar', *c.* 450. The reign of Tewdric is dated
    510– 26 (?); Holweck, *Dictionary of Saints*: 'Fingar', *c.* 460. Holweck
    noted the consecration of Meriasek as 666 and gave his death as *c.* 686;

Baring-Gould, *Lives of Saints*, Appendix 16, p. 231, cites the birth of Meriadocus as *c*. 626. *The Book of Saints* describes Meriasek 'probably a Welshman by birth' and sets his death date as *c*. 886 (?). Doble's theory that Meriasek and Fingar were historic contemporaries probably should not be accepted, but distinctions in dates need not have been significantly differentiated between hagiographies at the time of the saint play.

For the confusion of Theodoric and Teudar, see Doble, *Saints of Cornwall*, p. 106; Henry Jenner, 'King Teudar', Thomas Roberts *et al.* [eds.], *Tre, Pol and Pen: The Cornish Annual*, London, 1928; Harris, *Life of Meriasek*, p. 127, n. 21.

22 The Ulster epic *Táin Bó Cuailnge* documents literary celebration of bulls and their herds many years before the saint play. The language of *Táin Bó Cuailnge* dates to the eighth century, and the culture which the epic represents probably survived into the period of Christianization in the lives of pagans whom Celtic peregrinators, like Meriasek and Fingar, encountered. (*Cf.* Thomas Kinsella [trans.], *The Tain*, Oxford, 1970.)

23 Baring-Gould, *Lives of Saints*, vol. III.

24 Doble, *Saints of Cornwall*, p. 103.

25 Doble, *Saints of Cornwall*, p. 105.

26 David Hugh Farmer, *The Oxford Dictionary of Saints*, Oxford [etc.], 1982 [rpt. 1983]; James Hall, *Dictionary of Subjects and Symbols in Art*, New York, 1974; *Legenda Aurea*, Cap. 13, 3:78.

27 *Legenda Aurea*, Cap. 13, 3:78. Although the *Leabhar Breac* does not recount the conversion of Helen, the *vita* concludes with Helen's letter to Constantine demanding his renunciation of Christianity (*cf.* Atkinson [ed], *Passions and Homilies*, p. 293).

28 The inclusion of Helen's conversion in the saint play would have necessitated the interpolation of its cause—the conversion of Constantine. The Emperor's conversion, on the other hand, both marks Silvester's exceptional powers and alludes to the conversion of his mother. Expansion of Meriasek's peregrination with cattle miracles would have detracted from the tight cause-to-effect narration which is superimposed on the chronology of the pilgrimage.

29 Meyer, 'Middle Cornish Play', p. 64, n. 13.

30 Doble, *Saints of Cornwall*, pp. 100 and 105.

31 Atkinson [ed.], *Passions and Homilies*, p. 286-7.

32 Murdoch, 'The Holy Hostage', pp. 265 and 268.

33 Brian Murdoch considered the Marian miracle 'an exemplum' rather than 'a play within a play', 'an interlude', as it is described by Harris, *Life of Meriasek*, p. 267.

'The Bodley Burial and Resurrection': Late English Liturgical Drama?

Peter Meredith*

I

Attached by F. J. Furnivall to his edition of the Digby plays[1], the two parts of the Bodley *Burial and Resurrection* have ever since had the appearance of inferior appendages, and have in too many discussions of the English plays been quickly dismissed as meditation or semi-drama, or totally ignored. Both E. K. Chambers and Hardin Craig, it is true, devote some space to them, but both have difficulty in fitting them into the known traditions of English drama. Chambers classes them under 'Guild Plays and Parish Plays' and Craig under 'Single Mystery Plays and Parts of Cycles'.[2]

Chambers and Craig also raise the question of whether these are plays or meditations. Chambers starkly says, 'apparently the author set out to write a "treyte" to be read, and shortly after the beginning changed his mind and made a play of it'.[3] Craig approaches the question with far more diffidence, 'To be sure, this play is not in the popular tradition, but a sort of literary exercise. Yet it was intended to be played at Easter ... At a number of places in the play the text reads like a narrative and not like a drama ... If the play were a recent composition, a literary exercise, a mere meditation, it would hardly have employed these ancient metres or stuck so closely to the traditional events'.[4] Perhaps this is internal debate rather than diffidence. Craig is clearly far more dubious about the meditational side of the plays, but neither he nor Chambers gets rid of the idea that these might not be true plays at all. In her first discussion of them Rosemary Woolf continues this tradition: '*The Burial* is not properly a play, but rather a meditation to be read'.[5] In the most elaborate discussion prior to 1980, however, contained in an appendix to her *The English Mystery Plays*[6], she modifies this view very considerably; for example: 'A rubric nevertheless makes plain that these works could be acted instead of read', and later, 'What particularly marks these plays as suitable only for meditative reading or for liturgical enactment is that when something potentially exciting has to take place on stage, it is performed only in mime'. Finally, in a note she reverses her original statement almost entirely: 'The more plausible theory now seems to me to be that the works were written for performance in church, but that their meditative character made them highly suitable for devotional reading and that they were subsequently copied for this purpose'.[7]

I have quoted these earlier comments not to criticize them but to show the kind of problem that has beset critical discussion of these plays. The first question to settle if possible is whether they were originally drama or meditation.

As all previous critics have observed, the first part of the *Burial* (up to l. 419, fol. 147^r) appears in the manuscript (Bodleian Library, MS e Museo 160) as though it were a narrative poem or, as the scribe calls it, a 'treyte'.[8] Thereafter the text is treated purely as a play. It is with this latter part of the manuscript that I want first to deal. This section consists of nineteen pages of the *Burial* (ll. 420-862) and the whole of the *Resurrection*. The text is written as a series of speeches with a speaker's name dividing them in the centre of the page; there are stage directions, and very occasionally a production note.[9] Some of the stage directions are suggestive of narrative links, and might seem to be appropriate to a reading text, for example:

Joseph redy to tak crist down sais   (fol. 147^v)

but they are equally appropriate to a play and the use of the present tense makes this the more likely.[10]

In other words, there is nothing that is inconsistent with a play. Many stage directions are too brief to be useful in a narrative and too obvious to be necessary for a reader's understanding, whereas this kind is all too familiar in plays. The switches from Latin to English in the stage directions in both *Burial* and *Resurrection* are also familiar from most play manuscripts, and there are a number of stage directions which make sense only in a play context, namely the *exit* and *intrat* type. There is one example, *exeunt*, towards the end of the *Burial* (fol. 156^r), and several in the *Resurrection*: 'commys in' (twice, fols. 158^r and 159^r), *intrat* (four times, fols. 162^r, 167^v, 168^r and 169^r), *exit* (fol. 167^v), and *exeunt* (fol. 162^r). This type is, incidentally, only occasionally in use in English plays before the beginning of the sixteenth century. Finally there are the production notes relating to the performance of the *Victimae paschali* towards the end of the *Resurrection* (fols. 170^r and 171^v). Taken together, these elements leave no doubt at all that this section of the *Burial* and the *Resurrection* is play material.

There remains the question of what was happening in the first part of the manuscript (fols. 140-7). The facts are these. The first page is headed: 'The prologe of this treyte, or meditation off ‖ the buryall of criste & mowrnyng yerat'. There follow fifteen lines of verse before the first speech, by Joseph of Arimathæa. There is a further heading on fol. 140^v: 'Off the wepinge of the iij Maries', and this is followed by two lines addressed to the "reader":

Man harkyn how mavdleyn with ye maris ij°
Wepis & wringes thair handes os thay goo.

Thereafter the speeches follow continuously with an occasional narrative link. There is no doubt that this was being presented as a narrative for meditation rather than drama. However, after the writing of the text a number of alterations were made. First of all, all the narrative links, except 'said Joseph' on fol. 141^r, were deleted;

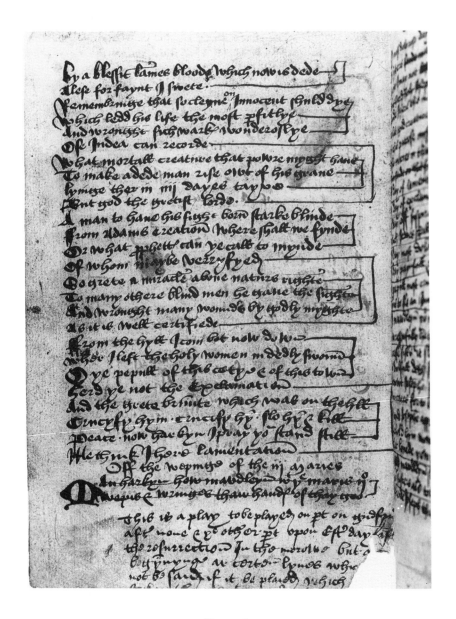

Figure 1.
The second page of the *Burial* (*Bodleian MS. E Museo 160*, fol. 140ᵛ)
containing the note added at the foot of the page and the first of the deletions
(final two lines of text).

secondly, speakers' names were added in left or right margins; thirdly, two stage directions were added; and fourthly, up to fol. 142^v, a number of paragraph marks were placed in the left margin to mark the beginnings of speeches. All these additions are in red. Most importantly from the point of view of the scribe's intentions, a note was added by him at the foot of fol. 140^v saying:

> This is a play to be played on p*art* on gudfri[day]
> af*ter*none & ye other p*art* opon Est*er*day aft[er]
> the resurrection In the morowe but at [the]
> begy*n*nynge ar certen lynes whic[h must/should]
> not be said if it be plaied which ...   (see figure 1.)

Unfortunately the leaf has been trimmed and with it the end of the note, so that the scribe's final instruction is lost. Like the earlier additions this note is in red. Once again there is no doubt about the meaning of these changes. As Chambers said, the scribe "changed his mind" and having set out to create a narrative, ended up by removing almost all traces of it. He left the prologue unchanged, presumably so as not to spoil the appearance of the opening of the piece, and indicated the necessity for its removal in his note; otherwise the narrative has become a play.

Up to this point the facts are clear, but there still remains unanswered the final question of what was the original form; was it meditation or play? If it was a play, and this seems to me the more likely alternative, then someone has begun a process of adaptation to turn it into a narrative meditation, and some signs of the adaptation ought to show. Those signs might well come through in the rhyme scheme, since if the narrative links are additions, there ought to be some sign of dislocation in the pattern of rhymes. The commonest metre in the *Burial* is the six-line *rime couée* rhyming: AABCCB. This is sometimes varied by an extra A or C rhyme. and sometimes by the addition of a further DDB, and sometimes both. The effect of the inclusion of the narrative links is to create the following patterns (rhymes within the narrative links are indicated here by square brackets):

1. fols. 140^v-141^r [A][A] / AAB[C]CCB   (*cf.* ll. 56-61)
                             [A][A] / AAABCCCB or [A][A]AAABCCCB
                                                      (*cf.* ll. 62-9)

The first narrative links thus create a couplet and alter a normal *rime couée* to a seven-liner and the second either add a couplet or create a ten-liner. It is perhaps worth noting that there are only two other couplets in the original rhyme scheme before the run of them begins on fol. 155^r.

2. fols. 142-2^v [A]AABCCB   (*cf.* ll. 139-44)
3. fols. 143-3^v AAB[C]CCB   (*cf.* ll. 200-5)
4. fol. 144^v AAB[C][C][B] and AAB[C]CCB
                                           (*cf.* ll. 261-70 and 271-6)
5. fol. 145^v AAB[C]CCB (twice)
                                           (*cf.* ll. 319-24 and 331-6)
6. fol. 146^r AABC[C]CB   (*cf.* ll. 349-54)
7. fol. 146^v [A]AABCCB and [A]AABCCB
                                           (*cf.* ll. 373-8 and 379-84)
8. fols. 146^v-7^r A[A][B][A][B]AACDDC
                                           (*cf.* ll. 391-7)
9. fols. 147-7^v AAB[C]CCB   (*cf.* ll. 416-21)

Most of these resulting patterns are minor variations of the normal rhyme scheme, but the addition of an extra A or C rhyme nevertheless upsets the regular scheme and the confusion on fols. 146^v-7^r cannot be fitted into even this flexible pattern and is not an irregularity that occurs anywhere else in the *Burial*. If the narrative links in this case are removed the seven-line variant AAABCCB results.[11] The first example on fol. 144^v, however, seems to work the other way, since by removing the narrative link lines we remove the normal patterns and are left with either a detached AAB or a ten-line stanza rhyming AABCCCBDDB (ll. 261-70). This variation is paralleled if not exactly matched, however, by AAABCCBDDB on fols. 141^v-2^r (ll. 109-18) and does not therefore present an insuperable objection.

The evidence from the rhyme scheme as far as it goes suggests that the narrative links are additional to the original text, since they add only irregular stanzas (except for one case) and since even where those irregular stanzas are an acceptable variation on the normal form, they increase the number of variants by over a half. It is also worth mentioning that the prologue (part of the devotional/narrative treatment) contains one rhyme pattern, the thirteener, not met with elsewhere in *Burial* or *Resurrection*.[12]

Overall in the *Burial* if one removes the narrative links there are eighty-three six-line *rime couée*, four seven-line, eleven eight-line and two ten-line variants. There are also seventeen couplets, one quatrain, thirteen octaves, nine rhyme royal (plus one six-line variant of rhyme royal). Forty-five of the six-line *rime couée* and all the seven-line, eight-line and ten-line variants occur within the section affected by the narrative links. In the other section, the straight play, there are thirty-eight six-line *rime couée* and all the examples of the other verse forms. These are mostly accounted for by the lyric laments of the Virgin Mary. Consequently we have *rime couée* plus variants in the earlier part, and *rime couée* with no variants but the addition of a number of other metres in the latter part. The situation in the latter part is typical of many plays where lyric material has been introduced; the situation in the earlier part looks as though it has been created by the intrusion of the narrative elements. In other words removing the narrative links does not perhaps entirely restore the original form.

It would clearly be wrong to claim that the rhyme scheme evidence alone proves the primacy of the play form, but when it is the only evidence that has so far been adduced, then it would be foolish to ignore it. Besides which it seems to me inherently more likely that a scribe gave up adapting a play to a narrative a little over a quarter of the way through than that he began copying a narrative, realised a quarter of the way through that it could be adapted to play form, crossed out the conveniently detachable narrative links he had already written, and, having removed the links from the rest of the narrative, wrote it out as a play.

Accepting for the moment that the original form was play and not narrative meditation, it is worth looking at what it was that might have happened to create the hybrid that we have at the beginning of the *Burial* play. There are a number of possibilities and I put forward the following explanation not as a definitive answer, but rather as a series of suggestions which seem to me to fit the situation in the manuscript.

The scribe, almost certainly a Carthusian (perhaps, in view of the dialect, from Mount Grace or the Charterhouse at Kingston-upon-Hull) was compiling a volume largely of semi-devotional pieces. The first one in the manuscript, also called a 'treyte', was intended by the scribe to be a quick and easy way to gain knowledge of, and at the same time pray to, the 'holy ffaders, patriarkes and prophetes' (fol. 1), while learning something of virtue and the scriptures. In the course of its hundred and more folios, it becomes a 'catalogue of saints, popes, religious houses and the principal events of the centuries', ending with the early sixteenth.[13] The manuscript also contains part of a poem on events of the year 1520 (among them the Field of the Cloth of Gold), parts of a romance (possibly not original to the manuscript), an English translation of the hundred meditations associated with Suso's *Horologium Sapientiæ*, and (in a different hand) the fifteen articles of the Passion. Like many compilations of this kind it is not particularly characterised by order or single-mindedness, but most of the pieces show a common purpose.

The copying of the play material seems to me to parallel the first item: as the added prologue says, it may move the reader and 'tech him lightly [easily] with awe [withall]' (*Burial*, l. 4) to know something of the sorrows of those surrounding Christ at his Passion. Since the intention behind copying the play material was that it should be read (*Burial*, l. 3), it was appropriate to adapt it to a narrative form. This, the scribe himself may possibly have been doing as he went along, or perhaps he was working from a partly or wholly adapted copy of the plays, since there are signs that he

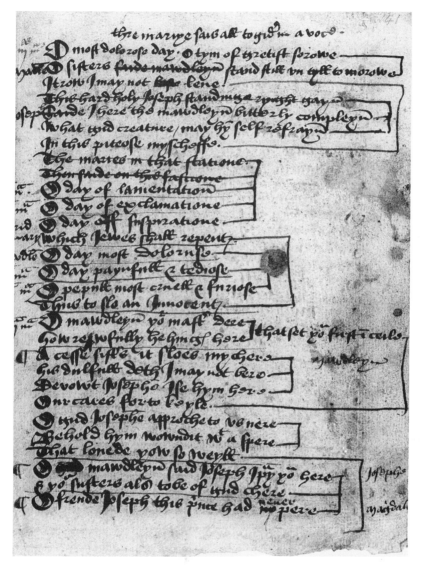

Figure 2.
The third page of the *Burial* (*Bodleian MS. E Museo 160*, fol. 141ʳ) with
added note at head, speakers' names inserted in left and right margins, further
deletions, and paragraph marks not integrated with text.
Lines dividing speeches are also clearly visible.

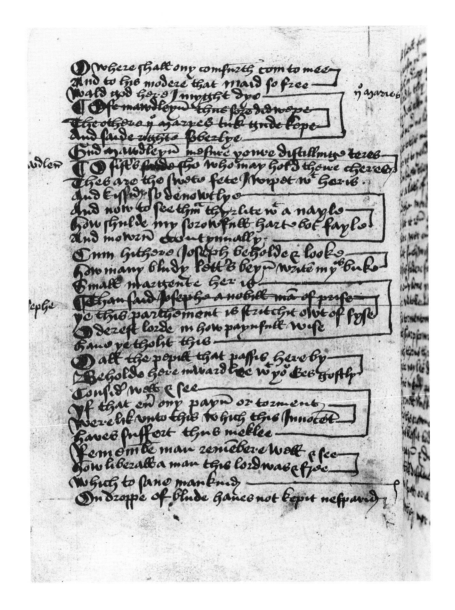

Figure 3
The eighth page of the *Burial* (*Bodleian MS. E Museo 160*, fol. 143ᵛ) with
speakers' names in left margin and paragraph marks integrated with text.
Speech dividing lines and deletions are also visible.

had to some extent, but not entirely, planned the lay-out of the material. He left space for the rubricated headings and for the occasional large red capitals, but he appears not to have reckoned with a reader's difficulty of spotting where one speaker stopped and another started (see figure 2). He perhaps became aware of this after writing fol. 142^v or fol. 143^r, since from fol. 143^v onwards he left space at the beginning of each speech or narrative link for the insertion of a red paragraph mark to remedy it (see figure 3).

Having completed the text on fol. 147^r, he may have gone back to rubricate the first part; perhaps to form an impression of its general appearance, or to check on the effectiveness of his method of indicating changes of speaker. He rubricated the text by adding red strokes to letters at the beginning of lines (and to some others), by adding the large red initials, the headings and the rhyme links, and by making one correction (at least). It was at this point also that he added the paragraph marks in the spaces left for them on fols. 143^v-7^r (and probably also those in the left margin of fols. 141^r-3^r), since these are almost certainly part of the devotional format. Having done all this, he decided to go no further with the adaptation. What his reason was we cannot tell. He may have found the revision too tedious or too unsatisfying, or he may have felt that the changes between speaker were too awkward and uncertain and that a more thorough-going revision would be required to make the material clear to a reader. Or he, or another, may have seen the value of retaining the play format. Whatever his reason was, having made the decision he subjected the text to a further rubrication. He deleted in red all the narrative links—except the prologue and (I imagine by accident) 'said Joseph' on fol. 141^r—he put back material which had (presumably) been previously omitted when the narrative adaption was being made; he added speakers' names in the right margin, or in the left margin where there was no room on the right or where it would make the change of speaker clearer because of the absence of a paragraph mark or large red initial; he put red lines to divide speech from speech; he added a single stage direction at the head of fol. 141^r, and another in the left margin of fol. 146^v (he was perhaps prevented by lack of space from adding any more); and crucially he added the note at the foot of fol. 140^v which clearly proclaims his change of intention: 'This is a play ...'. Not, it is worth noting, 'This *may be* a play' but 'This *is*'.

Establishing the relationship between text and manuscript is a necessary start to re-examining the plays, but it is only a start and many questions remain. What kind of plays are they? Were they written for the nuns of a convent, which, Rosemary Woolf claims, 'alone seems to make sense of an actual performance of the plays'?[14] When were they written? Are they a 'late rewriting of a play ... developed within a church' and not a 'recent composition', as Hardin Craig suggests?[15] Or are they very late, as the manuscript seems to show? And how good are they? Assessments vary from Rosemary Woolf's 'Despite the extravagant emotion expressed within the plays, only an audience which brought to them an alert devotional receptiveness could find them moving and unwearisome'[16], to Hardin Craig's 'Indeed in its own reverent piety it [the play—he treats both together, P. M.] is very fine'.[17] As is so often the case, there are more questions than answers; or rather the possible answers are so numerous that it seems more useful to draw attention to suggestive facts than to speculate. I shall attempt to do this in the last part of this essay.

As far as date is concerned the later part of the manuscript was clearly written after (but not necessarily long after) 1520. There are signs, and they are no more than that, that the plays themselves date from the same period. If they are true ones, rhymes like [*peteoslee*] / *shee/hee* (fol. 143^v); *see* / *meklee* (fol. 144^v); *hevylee* / [*free*] / *bitterlee* (fol. 146); *see* / *tree* / *straytlee* / *me* (fol. 152^v) depend upon a coming together of two sounds, Middle English long *i* [i:] and Middle English long close *e* [e:]. Middle English long close *e* became [i:] sometime during the fifteenth century. By that time, however, Middle English long *i* had almost certainly already developed a new sound, a diphthong, and it seems likely that it was only late in the century that, deriving from a re-stressing of unstressed forms, the older sound re-appeared, namely in endings like '-ly'. At this time the rhymes cited above would be true ones; which means that, if they are true, they suggest a late-fifteenth century date or, perhaps more likely, an early-sixteenth century one.[18] It is worth noting that these rhymes appear in both the original play sections and in the narrative links (marked above in square brackets).

Another piece of evidence comes from a number of individual words in the *Burial: dangeroslye, distilling* (adj.), *enormitee, render, suspiration, vn-naturallye*. None of the first five is recorded in the *Middle English Dictionary* (which has reached as far as letter T) and presumably has not therefore been found in their search of texts from before 1500, and for *vn-naturallye* the *Oxford English Dictionary* indicates that apart from the *Burial* its earliest known appearance is 1540. Obviously this does not prove a late date for the plays; it remains confirmatory evidence only, but once more points to the early sixteenth century.

The origin and purpose of the plays is a more difficult problem. They are written in a mixed North / North Midland dialect, quite probably of Yorkshire, and this appears to be original to the plays as well as the dialect of the scribe. In Yorkshire there was still being performed in the sixteenth century some of the finest vernacular drama produced in England, and it could well be that, inspired by the great civic plays, the *Burial* and *Resurrection* were written for one of the great or one of the lesser religious houses in the area. It would be wrong in view of the wide range of dramatic activity that is being revealed at the moment in England during the sixteenth century automatically to assign the plays to York, but that is a possibility—as is Beverley or Hull or Selby. But the list could be extended almost endlessly and to fix a location precisely will perhaps never be possible; indeed even further prospecting should wait at least until all the surviving ecclesiastical records of the area have been searched for signs of dramatic activity.

The style of the plays is undoubtedly unusual. They are characterised by long speeches and very little action, and concentrate
upon those parts of the Passion and Resurrection that were already material for liturgical plays, the *Depositio* and the *Visitatio
Sepulchri*. This is not to say that they are like any other liturgical
play from England. Rosemary Woolf rightly says that 'it seems
clear that the place of performance was a church and the focus of
them the Easter Sepulchre'[19], but they seem to be plays which
spring out of the liturgical drama rather than being themselves liturgical. In the *Burial* the audience is made to look long and
closely at the meaning of the Passion, and made to feel the horror
and the sadness of it; in the *Resurrection* it is made to feel, besides the obvious change from sadness to joy, the near despair of
one who can apparently no longer redeem his fault, and the cor-
respondingly ecstatic joy of knowing that forgiveness is possible
through Christ's conquest of death. The plays are meditational
because it is through the speeches and hardly at all through the action that the meaning is put across; but they remain plays. It is not
quite true to say, as Rosemary Woolf does, that action is performed only in mime. The Deposition dialogue in the *Burial* is as long
and the actions are as clear as they are in any of the cycle versions.[20]

Of what significance finally is the Carthusian provenance of
the text? Though perhaps not commonly vernacular authors in
their own right (with notable exceptions), there is no doubt of the
English Carthusians' interest in vernacular writing of many kinds.
Their library lists show numbers of English books in their collections, and many manuscripts in English have clearly been written
by Carthusian scribes.[21] There is therefore nothing unusual in this
manuscript being both Carthusian and in English. What is unique,
so far as I know, is that it should contain plays; and the scribe's
removal of the narrative additions and his adding of the note, 'This
is a play', emphasises his awareness of what they were. Was it in
the scribe's mind that these might be performed in his own Charterhouse, or is he simply providing them for devotional reading

(even without the narrative aids), or is he making sure that the plays are preserved to be ready for use whoever might require them? I hope someone more skilled in the ways of Charterhouses may be able to provide an answer.

II

Since this paper was written in 1980 there have been a small number of works of different kinds devoted to the *Burial* and *Resurrection*. Most important was the new edition for the Early English Text Society in 1982 by Donald C. Baker, John L. Murphy and Louis B. Hall Jr. Baker wrote again about the plays in 1989. Carol Rowntree devoted some space to the plays in her *Analecta Cartusiana* article on the chronicle in MS e Museo 160 and most recently Richard Rastall has briefly discussed them in his study of the music in the Mystery plays, *The Heaven Singing*.[22]

The editors of the EETS volume assert the primacy of the narrative meditation over the plays, though not always with quite the same confidence and with little attempt at proof:

> It is fairly clear that the writer of the manuscript was also in a real sense the author of the plays ... Further, an examination of the excision of certain lines in the manuscript by the writer, using the same red ink which he employed for corrections and rubrication of capitals, reveals that his original purpose, that of composing a verse meditation on the burial and resurrection, had changed to that of writing the meditational dramas.
>
> ...
>
> Although the plays may have originated, and probably did originate, as a second thought, the writer has selected his materials in such a way as to combine the features of meditation and drama in a very practical way.
>
> ...
>
> It seems clear that the plays began as an extended meditation. What gave the writer the idea of turning them [the meditation?, P. M.] into plays is an interesting subject of speculation.[23]

The editors make two main points: first that the scribe was also the author / compiler of the play/meditation, and second, that the plays were adapted from the meditation. It seems to me possible that the scribe was an author, but author of what? As to which came first, it will be clear from what I have already said that the evidence seems to suggest that it was the plays. If my analysis of the situation is anywhere near right the scribe could very well have been the author of the material which turns drama into narrative meditation, but whether he was the playwright as well seems to me impossible to be sure. If one goes by the standard of versifying, it looks unlikely.

Baker broadly re-states the earlier position in his 1989 article (with a little more circumstantial detail) in the course of dismissing Furnivall's and Woolf's suggestions:

> Furnivall remarked when he noted a narrative element remaining in the text that "Our Poetaster has forgotten that he's writing a play" (p. 174). More correctly one could remark that our poetaster has forgotten that he had not been writing a play, and overlooked these bits of narrative in his alterations. Rosemary Woolf's two suggestions, first that a corrector has turned the meditative work into a play (*Lyric*, p. 243) and, second, that a corrector was restoring the dramatic text to its original, non-dramatic form (*Plays*, p. 422), are both off the mark when one looks at the manuscript and realises that the corrector is the same man who wrote the rest of the text.[24]

It is Baker's comments that seem to be off the mark. First, the second suggestion he attributes to Woolf is the opposite of what she actually says. Her final comment, quoted above, makes it clear that she sees the dramatic as the original form. Secondly, looking carefully at the manuscript, as I have attempted to show, seems to reveal, as Woolf concludes, that the scribe was restoring the original dramatic form.

In Baker's discussion there are also one or two minor slantings of the evidence. He says, for example, that in the note on fol. 140[v] it says 'if it is to be played'.[25] What it actually says is 'This is a play to be played', 'if it is played', then leave out the opening. Later, on the same lines, he says the scribe inserted the note 'suggesting hopefully that it might be played'.[26] A little before that he says that the scribe in removing the narrative links 'missed a few'. In fact he missed one, as Furnivall pointed out. The removal of the narrative links and the re-establishment (in my view) of the play is quite carefully done.

By criticising this element of the editors' approach to the plays I do not wish to detract from the achievement of the new edition but merely to adjust what seems to me a mis-judgement in an otherwise valuable work. We now have a text which provides a thoroughly reliable basis for further investigation.

In many ways I don't think our understanding of the plays has moved forward very much since the edition was published. We have not advanced much on how old the plays are, where they are from, what the performance conditions were, or what the significance is of their presence in a Carthusian manuscript. There are, however, still routes of inquiry. With the increased interest in audience reception it would be worth taking Rosemary Woolf's perceptive remarks a bit further: 'Despite the extravagant emotion expressed within the plays, only an audience which brought to them an alert devotional receptiveness could find them moving and unwearisome.'[27] When we gave a semi-staged performance of the *Burial* at the Dublin SITM Colloquium in 1980 most members of the audience who expressed an opinion agreed in finding the experience wearisome. Yet one said that it was the perfect preparation for attending Mass. Under what circumstances would these plays work? Does it need to be 'in the church of some convent' with 'some of the nuns themselves' acting, as Woolf suggests?[28] What would the effect be if the Maries were played by men or boys? Can cross-dressing cope with lines like:

Yit suffere me to hold yow a while in my lap
Which sumtym gafe yow mylk of my pap. (ll. 752-3)

Can it, indeed, be the very way to make it work? We know next to nothing about performances of plays in religious houses and almost as little about the performance of religious plays in private houses. What was the nature of the performance allowed for, c. 1524–7, in the 5th Earl of Northumberland's castle at Wressle in the East Riding of Yorkshire of the 'Play of the Resurrection' in the chapel on Easter morning?[29] Is it possible that after all lay piety is what lies behind the Bodley *Burial and Resurrection*?

And what would be the effect of playing the "extravagant emotion" to a crucifix, perhaps with a detachable body that can be taken down and "buried"? Such images were certainly used in liturgical plays.[30] What exactly is the Virgin Mary holding in her lap:

Ye that can not wepe, com lern of mee,
Kepinge this crucifix stille in your mynd. (ll. 716-7)

Is it a crucifix or an image of Jesus, or is it possible that an actor was playing the part of the dead Christ?

Another part of the text that needs more attention is the stage direction prescribing the performance of the sequence *Victime paschali* (*Resurrection*, l. 691, following). *Victime paschali* is a frequent element of the *Visitatio Sepulchri*, in whole or in part. The first thing that is notable here is the technical language used to describe the performance:

Tunc hee tres cantant idem, id est, 'Victime
paschali' — totum vsque ad 'Dic nobis' in
cantifracto vel saltim in pallinodio.

[Then these three sing the same, that is *Victime* ‖ *paschali*, all of it up to '*Dic nobis*' in ‖ parts or at least alternating.]

'*Cantus fractus*' is quite common in the later fifteenth century for polyphony or "prick-song", but it is still a technical musical term and I have yet to find another contemporary musical use of

'*pallinodio*'. It presumably means singing the sections alternate-
ly in plainsong and polyphony or simply alternating the sections
between the singers.[31] The use of this language implies some musical expertise in the writer and also an expectation of expertise in
the performers. The added note at the end of the stage direction,
however, somewhat modifies this impression:

> Sufficit si cantetur eisdem notis et
> cantibus vt habetur in sequentia predicta.
>
> [It will be sufficient if it is sung with the same notes and || melodies
> as are [normally] used in the aforesaid sequence.]

This seems to reduce the expectation but still suggests familiarity
with the usual performance of *Victime paschali*.

If one compares the prescribed performance here with that in
the Dublin *Visitatio Sepulchri*, a fairly typical liturgical play version, there are a number of similarities, though, perhaps because it
is much earlier, no sign of polyphonic treatment.[32] The opening
section is shared between the three Maries; the disciples sing:
'*Dic nobis, Maria* ...'; the Maries again share the next three sections; the disciples sing: '*Credendum est* ...', and the choir, '*Tu
nobis* ...'. The Dublin text was owned by and presumably performed in the parish church of St. John the Evangelist in Dublin.
What comparison with the Dublin piece does is to emphasize the
"liturgical play" nature of the Bodley *Resurrection* treatment of
the sequence. But whereas in the Dublin play the sequence is the
action, in the Bodley *Resurrection* the sequence merely pre-plays
the action, in a totally different mode, which is then replayed in
spoken vernacular dialogue, though not a translation. Why intrude
liturgical drama into a vernacular play? Is this a sign of its origin
in a monastic environment, which the technical language might
support? Or is it a striking theatrical device to integrate liturgical
and biblical time? Or is it simply another blunder? At the back of
all investigations of these plays lies the question of whether they
are worth the trouble.

The defence against this doubt must be our ignorance and their uniqueness. Until we can discover more about the context of their performance, until the way in which they might have worked theatrically has been thoroughly investigated, it would obviously be foolish to dismiss them. They also remain an invaluable witness to an as yet unknown part of Carthusian activities.[33] Were they merely copied as meditation or could plays be part of the Carthusian way of life? What to my mind we can be sure about is that they were written as plays, what remains to be done is to investigate their context, content and dramatic viability.

Notes

*   The article which follows is a lightly revised and corrected version of the paper that I gave in Dublin at the SITM conference in 1980. I am grateful to Dr Carol Rowntree (then Ms Carol Durkin of the University of York) for much valuable discussion of the nature of the two plays. A substantial discussion by her of the verse chronicle (including discussion of the plays) in MS e Museo 160 has since been published; see C. B. Rowntree, *A Carthusian World View: Bodleian MS. E Museo 160*, Salzburg, 1990 [*Analecta Cartusiana*, 35:9], pp. 5-72.

1   F. J. Furnivall [ed.], *The Digby Plays*, London, 1896 [EETS e.s. 70], pp. 169-226. All line references in this article are to the new EETS edition by Donald C. Baker, John L. Murphy and Louis B. Hall Jr. [eds.], *The Late Medieval Religious Plays of Bodleian MSS Digby 133 and E Museo 160*, London, 1982 [EETS o.s. 283].

2   E. K. Chambers, *The Mediaeval Stage*, London, 1903, vol. II, p. 129 and Hardin Craig, *English Religious Drama of the Middle Ages*, Oxford, 1955, pp. 317-9.

3   Chambers, *Mediaeval Stage*, p. 129.

4   Craig, *English Religious Drama*, pp. 318-9.

5   Rosemary Woolf, *The English Religious Lyric in the Middle Ages*, Oxford, 1968, p. 263.

6   See Rosemary Woolf, *The English Mystery Plays*, Berkeley and Los Angeles, 1972, pp. 331-5.

7   Woolf, *English Mystery Plays*, pp. 331, 332 and 422.

8   A facsimile of the Burial and Resurrection play is contained in D. C. Baker and J. L. Murphy [eds.], *The Digby Plays (MSS Bodley Digby 133 and e Museo 160)*, Leeds, 1976 [Leeds Texts and Monographs, Medieval Drama Facsimiles, 3].

9   The stage direction on fol. 170^r contains production notes on the singing: 'Tu*nc* hee tres cantant id*em* *id est* victi*m*e pascha[li] ⌐totu*m* v*sque* ad d[ic nobis]⌐ in cantifracto v*el* saltim in pallinodio', and 'Sufficit si ca*n*tetu*r* eisd*em* no*tis* ⌐*et* cant[ibus]⌐ v*t* h*a*betur in seque*n*tia predicta.' That on fol. 171^v contains the direction: 'tu*nc* cantant o*mn*es si*mul* Scim*us* c*h*ri*st*um v*e*ll alia*m* sequentia*m* aut ympnu*m* de resurrectio*ne*.'

10 One stage direction, appears to make use of the preterite: 'Mary v*i*rgyn & mother co*m* then sayinge' (fol. 148^r). But it is the only stage direction that does appear to use the preterite and that form itself is not entirely certain, since 'com' is not normally abbreviated 'co*m*' by the scribe (twice out of thirty-eight examples) whereas the first part of 'co*m*mys' is. The scribe may have accidentally omitted the '-mys' or the 'com' may itself be a present form (*cf.* the uninflected third present singular verbs in the N. town *Passion*, Peter Meredith [ed.], *The Passion Play from the N. town Manuscript*, London, 1990, p. 11). A subjunctive is just possible, but every other stage direction is in the present indicative except two Latin futures (fols. 170^r and 171^r).

11 All the other examples are AABCCCB. It is worth noting that all four seven-line variants in the *Burial* occur within the first part, i.e. that part disturbed by the narrative adaptation. Outside this part the six-line *rime couée* is very regular. It looks therefore as though the adaptation may well have disturbed more than just those stanzas where narrative links are apparent.

12 Baker, Murphy and Hall [eds.], *Religious Plays of Bodleian MSS*, p. lxxxiv, say that the Resurrection ends 'with a long "bob and wheel" stanza, somewhat like that of the prologue to the plays'. In fact it is a quatrain and a seven-line *rime couée*.

13 Baker and Murphy [eds.], *Digby Plays*, p. xv. The scribe concludes with: 'This endit the viijth day afor. Cristinemes ... ȝer of our lord Jesu M.D. & xviij. Wher the ... matere failes I besek the red*er* to amend ... & haue pite on my lewt raclenes & p*r*ay f[or] ...' (fol. 108^r).

14 Woolf, *English Mystery Plays*, p. 335.

15 Craig, *English Religious Drama*, p. 319.

16 Woolf, *English Mystery Plays*, p. 335.

17 Craig, *English Religious Drama*, p. 319.

18 There is a brief discussion of this re-stressing in both Barber and Dobson. C. L. Barber, *Early Modern English*, Edinburgh, 1997, p. 133, says, 'But if secondary stress was lost in ME, /i:/ was shortened to /i/, which remained in eModE. In the sixteenth century, it occasionally happened that secondary stress was reimposed, causing a relengthening to /i:/'. E. J.

Dobson, *English Pronunciation 1500-1700*, Oxford, 1957, vol. II, p. 924, says, 'ModE lengthening of unstressed [I] to [i:] by reimposition of some degree of secondary stress is in post-tonic syllables relatively common and early'. He later makes clear what he means by early: 'The evidence shows that the lengthening occurred sporadically from as early as the beginning of the sixteenth century, and it may well have occurred in the late fifteenth century; the rhymes of poets support, and are supported by, the orthoepists' evidence.' (pp. 924-5). Despite this agreement, I do not think that the evidence for this particular phenomenon has yet been thoroughly investigated, especially in the fifteenth century.

19 Woolf, *English Mystery Plays*, p. 332.

20 In York the actual taking-down is accomplished in at most five lines (*cf.* Richard Beadle [ed.], *The York Plays*, London, 1982, p. 370, ll. 377-81); in Towneley in three (*cf.* Martin Stevens and A. C. Cawley [eds.], *The Towneley Plays*, London, 1994, p. 278, ll. 710-2 [EETS s.s. 13, 14]); in Chester perhaps in one (R. M. Lumiansky and D. Mills [eds.], *The Chester Mystery Cycle*, London, 1974, vol. I, p. 323, l. 448 [EETS s.s. 3]); and in N-Town with no text, merely action (Meredith [ed.], *The Passion Play*, p. 136).

21 For lists of extant manuscripts from Carthusian houses see N. R. Ker, *Medieval Libraries of Great Britain: A list of surviving books*, London, 1964[2], under: Beauvale, Coventry, Hinton, Kingston-upon-Hull, London, Mount Grace, Sheen, Witham, and Perth. For surviving library lists see the references given by Ker under the above headings, especially E. M. Thompson, *The Carthusian Order in England*, London, 1930, chapters IX (Libraries) and X (Writers). For comments on (and samples of) more competent Carthusian scribes, see M. B. Parkes, *English Cursive Book Hands, 1250-1500*, London, 1979, p. 6 and plate 6 (ii), p. 8, and plate 8 (ii). I am grateful to A. J. Fletcher for reminding me of this last reference.

22 For the new EETS edition see note 2 above and for Rowntree's article see note 1. Rastall's brief discussions are on pp. 13-4 and 292-3 of *The Heaven Singing: Music in Early English Religious Drama*, Cambridge, 1996, vol. I. Baker's latest article is Donald C. Baker, 'When Is a Text a Play? Reflections upon What Certain Late Medieval Dramatic Texts Can Tell Us', Marianne G. Briscoe and John C. Coldewey [eds.], *Contexts for Early English Drama*, Bloomington and Indianapolis, 1989, pp. 20-40 (pp. 35-8 for discussion of MS e Museo 160).

23 Baker, Murphy and Hall [eds.], *Religious Plays of Bodleian MSS*, p. lxxxviii.

24 Baker, 'When Is a Text a Play?', p. 36.

25 Baker, 'When Is a Text a Play?', p. 36.

26 Baker, 'When Is a Text a Play?', p. 37.

27 Woolf, *English Mystery Plays*, p. 335.

28 Woolf, *English Mystery Plays*, p. 335.

29 See the reference under Wressle in Ian Lancashire, *Dramatic Texts and Records of Britain: A Chronological Topography to 1558*, Cambridge, 1984, p. 290.

30 One is implied in the Barking *Depositio*. See Karl Young, *The Drama of the Medieval Church*, Oxford, 1933, vol. I, p. 164, and Peter Meredith and John Tailby [eds.], *The Staging of Religious Drama in Europe in the Later Middle Ages: Texts and Documents in English Translation*, Kalamazoo, 1983, p. 226. Barking was one of the richest of English nunneries in the later Middle Ages.

31 Thomas Elyot in his *Dictionary* (London, 1538), Menston, 1970 [Scolar Press facsimile], *s.v. palinodia* simply has: 'Palinodia, a contrarye songe; or retractynge of that whiche oone hathe spoken or wryten: Now of somme menne called a recantynge.' For the use of *cantus fractus* see Frank Ll. Harrison, *Music in Medieval Britain*, London, 1958, index *s.v. cantus*. For the singing of sequences see Hugh Benham, *Latin Church Music in England, 1460-1575*, London, 1977, p. 14.

32 Máire Egan-Buffet and Alan J. Fletcher [eds.], 'The Dublin Visitatio Sepulcri Play', *Proceedings of the Royal Irish Academy* 90 (1990), pp. 159-241.

33 For one of the newer works on Carthusian activities see Michael G. Sargent [ed.], *De Cella in Seculum: religious and secular life and devotion in late medieval England: An interdisciplinary conference in celebration of the eighth centenary of the consecration of St Hugh of Avalon Bishop of Lincoln*, Cambridge, 1989, especially Vincent Gillespie, 'Cura Pastoralis in Deserto', pp. 161-81.

Clerics and Juglaría:
A Study in Medieval Attitudes

E. Catherine Dunn*

Since the days of Karl Young and Grace Frank, there has been a strong antagonism in Anglo-American studies of the medieval drama to the theories of its descent from Roman theatrical traditions.[1] There are, however, three works of European scholarship closely related to the theory of continuous mimic development, each work a classic in its own right and each reflecting the attitudes of England, France or Spain toward the ancient Roman repertory. I refer to the studies of Sir E. K. Chambers, Edmond Faral, and Ramón Menéndez Pidal, and am concentrating on them.[2] These three writers all hold to the generic identity and historical continuity of the ancient Roman mimic performers (*mimi* and *joculatores*) with the medieval jongleurs.

The continuity in the tradition is basic to a second problem, a study of attitudes toward these performers in the early medieval centuries, above all the attitudes of Church authorities. Here the three scholarly studies differ. Opinion among French and Spanish writers has been more receptive to early prominence of the professional entertainers in the life of the Church than Anglo-American views have been, especially that of E. K. Chambers. Since my own larger interests have been dedicated to the theory that a form of medieval drama developed in the era of the Gallican liturgy (sixth to eighth centuries) in the tradition of Roman popular drama, I have favored both the continuity of mimic performance and the acceptance of their repertory by Gallican culture, in a transformed version of recitation and mimic action in the public reading of saints' lives.

In selecting an abstract term to designate the historical phenomenon that is here involved, I have chosen the Spanish word *juglaría* rather than the English "minstrelsy" or the French *jonglerie*. The Spanish term is rich in the denotations of mimicry (the whole range of professional artistry from dance to play-acting) while the English one has usually been limited to musical associations, and the French *jonglerie* often to connotations of skilled trickery in juggling and slapstick activity. If we grasp the breadth and complexity of the term, we can appreciate the dangers of generalizing the way of life or the public attitudes experienced by *juglares*. The whole history of public performance in ancient and medieval times is caught up in the Spanish term, as it cannot be contained in any of the other designations, and yet the range of *juglaría* is verifiable throughout the whole of medieval Western Europe.

It was, indeed, an international phenomenon by its origins and its development. At the fall of Rome's great political and social power in the late fifth century, the mimes (as performers) travelled north, encountered the barbarian peoples impinging on their world, and became the entertainers of a new audience that received them gladly. From the public squares of ancient Syracuse (Magna Graecia) to those of French villages—that is the long road travelled by the Graeco-Roman *mimi* as the Empire disappeared and the Germanic tribes invaded the provinces, particularly Gaul.[3]

Much the same general historical analysis of the situation comes from the study of Spanish life in the Middle Ages, as Menéndez Pidal observes, that the *juglares* inherited the repertory of the Latin entertainers, but recognized the necessity of a gradual and steady adjustment by the performer to the tastes and wishes of his audience: 'aunque el juglar heredó en gran parte *el repertorio de los histriones, mimos y timélicos latinos*, sin duda tenía que transformar continuamente esa herencia ...'.[4]

Juglaría flourished as a mobile and flexible institution, and contact with the Germanic invaders from the north possessing a

venerable bardic tradition gave to the Latin performers who encountered them a measure of seriousness and even a social res-
pectability that might have eluded them without this confrontation.
Chambers exaggerated the famous thesis that he articulated on the
fall of the Roman theatre: 'The bishops and the barbarians had
triumphed.'[5] The *mimi* and the *joculatores* were not conquered,
as he recorded in his second chapter[6]; rather, they were educated
and transformed by the demands of a new era, new audiences, and
far-flung pathways.

While one must recognize the enrichment of the *jongleur* ca-
pability through international movement, a student of early medieval history must also give weight to the sovereignty of French
fashions over the patterns of creativity and performance in Western Europe. Every civilization attains a superior form in one locale
and thus prevails over all participating national expressions of the
epoch style. Italy ruled the Europe of the Renaissance and Spain
dominated the Baroque era. Medieval culture, then, was French at
its core, not only in the High Middle Ages but already in the Romanesque period in which the *jongleur* tradition was developing.
On this point Faral is positive, but cautious in application, limiting
himself to the Carolingian era. Under Charlemagne and his immediate successors the *jongleurs* (so-called from the early ninth
century) flourished in France, he says, and by extension in Spain
and Italy. France was the leader and innovator in styles of public
entertainment as in all other phases of the life and culture of the
times.[7]

Faral's observations should be extended and applied to the
pre-Carolingian centuries, and I am convinced that his restriction
to the ninth and tenth centuries was motivated simply by his cau-
tion regarding precise historical documentation in the Visigothic
era. He was willing to commit himself to the certainty of Roman
mimic traditions in the pre-Carolingian period, but insisted that we
cannot be sure just what were their repertory and techniques: 'pendant la période que précède l'âge carolingien ... du moins peut-on

affirmer avec certitude qu'ils [i.e. the mimes, E. D.] ont existé et qu'ils ont maintenu toujours vivante la tradition romaine.'[8] Menéndez Pidal has also recognized the scarcity of documentary evidence in this period of Spanish literature—indeed, in the whole of Spanish life before the twelfth century[9]—, and Muratori has written that in Italy documents are scarce in all historical matters from the fall of Rome until the year 1000, and that in the field of public entertainment records are almost non-existent.[10] Menéndez Pidal, however, refuses to accept the scarcity of documented evidence as militating against the activity of the *juglares* in Spain, and much of his book is a deduction of evidence for their early importance from later *literary* allusions to them as a long-established institution, and from allusions by Spanish chroniclers to poems of the *juglares* no longer extant in our day.[11]

With an understanding of the mimic tradition, we can proceed to inquire about the attitudes towards these performers in the Mediterranean countries and in the northern European areas affected by their styles of entertainment. This aspect of the question has been a great problem for modern scholarly research, never definitively settled and frequently provoking sharp controversy over apparently irreconcilable theories. The evidence is ambivalent and probably will always remain difficult to interpret. I am convinced that we of the Anglo-American cultural tradition will never fully understand the Latin mind on this institution of *juglaría* (and perhaps on many other similar subjects). Certainly there is no aspect of the medieval drama that has caused a more profound search on my own part and a more thorough revision of judgment during years of study and reflection.

The range of medieval attitudes towards *juglaría* is a very broad one, from the ancient Roman stigma of *infamia* placed upon all actors, to the respectful imitation of *joculatores* by medieval friars in the Franciscan tradition. There is ambivalence and even contradiction in the Continental records, and one comes to agree with Menéndez Pidal that the *juglares* were throughout their history, from Roman antiquity and the patristic era and even into their thirteenth century of splendor 'seres contradictorios, medio ángeles, medio diablos.'[12] Their origins were ultimately pagan, their repertory often contained scurrilous buffoonery, and they were capable of distracting the Christian faithful from devout celebration of religious festivals. Nevertheless, they were a solace for weary or broken spirits, were a vital educational force, and they often narrated edifying stories of heroic warriors and saints. Contradictory beings, indeed, they were.

Let us consider the basic negative attitudes. The Latin countries never freed themselves completely from the ancient legal stance that members of the acting profession were outside the pale of Roman citizenship. *Mimi* and *histriones* normally were, or had been, slaves, and were excluded from the juridical rights of voting, pleading in the law courts, and holding equestrian or senatorial rank.[13] This stigma excluding them from major civil rights had the technical name of *infamia*, and constituted a caste system of considerable ridigity.[14] The formal position as given in the *Corpus Juris Civilis* includes both the actors of the legitimate theatre and those who performed by reading and recitation in the mimic and pantomimic repertory.[15] Chambers discusses the continued duration of this statutory regulation through the centuries of the Empire, with only minor variations and relaxations of severity, e.g. under Theodosius[16]; and he records a late Carolingian decree imposing *infamia* upon entertainers of various kinds.[17] Menéndez Pidal finds that even as late as the thirteenth century in Spain the legal code connected with Alfonso of Castile's reign and known as the *Siete Partidas* repeats strictures against *juglares* that are essentially those of the Roman statutory *infamia*; ancient law and social attitudes are being repeated without bringing them into harmony with the contemporary conditions of thirteenth-century Castile, or even the favorable observations about entertainers contained elsewhere in the code.[18]

The second cause of hostility to the *mimi* is that of moral turpitude in their repertory, and even in ancient Rome this charge was made by both political and ethical thinkers. Any historical account of the Graeco-Roman comedy as realized in these performers advertis to their reputation for indecency and scurrility.[19] The same charge is frequently made also of the legitimate comic stage, in the works of Plautus and Terence, however fine the Latin style of their composition. The Mediterranean comic spirit has always been judged as coarse and robust by northern Europeans, and mimic theatre often did descend to the lowest level of boisterous immorality. Chambers draws a vivid picture of the pagan emperor, Marcus Aurelius, sitting in the imperial box at the circus and reading a philosophical text instead of watching a performance of the mimes.[20] This pose of the emperor was a public show of disapproval for the decadent comic art prevailing on the Roman stage in his day, but it is also a symbol of the political expediency that continued to give the populace its bread and circuses whatever the ethical price to be exacted. Allardyce Nicoll concedes the presence of obscenity in the mimic repertory, but calls attention to the serious philosophical observations made by responsible Romans familiar with the mimes. Cicero, Seneca, and Petronius expressed admiration for the thoughtful wisdom embedded in the poetic lines of the mimic scripts, especially in the work of Publilius Syrus.[21] The substance of these compositions reflected the whole range of human life, and was not limited to the pornography that was directed at vulgar audiences.[22] 'The mime in essence was the very incarnation, the first ideal of that mimesis on which is based the whole of the peripatetic literary theory'[23], and Nicoll speaks for the genuine artistry that frequently transcended the swaggering farce.

The Christian moral theologians of the Patristic Age were frequent critics of the late Roman theatre. Here again Chambers surveys the field with meticulous care but the impression one gets is that the pastoral problem was more complex than the denunciation of obscenity. A converted Augustine certainly denounced the corrupt theatre, even of the serious tragic type, and scorned the mimic performance as much below the literary drama, and more dangerous to a Christian's morality.[24] The Fathers of the Church seemed concerned, however, with dangers to the faith of the early Christians from the theatre as much as with their problems of morality. The drama was used in the conflict between Christian and pagan religious life as a whole, and comic mockery of the new faith was part of that struggle. Sermons of denunciation refer to the theatre as a rival of the Church liturgy in holy seasons and festivals. Christians were not forbidden attendance at the plays and mimes in an absolute sense, but were restricted in patronage of them on Sundays and holy days.[25] The condemnations and the opposition vary under particular circumstances (e.g., for the laity as distinguished from clergy). The problem of the theatre in the Patristic Age was a part of the much larger difficulty of determining the Christian's relationship to the whole pagan culture of the ancient world, with its philosophy, literature, and religious worship.[26] The morality or immorality of the theatre was a part of the issue, and must have been solved in varying ways for the practicing Christians of the day, except in extremely rigorous approaches like that of Tertullian.

Christine Schnusenberg has more recently surveyed again the whole problem of Patristic antagonism to the Roman theatre and has supported the basically religious rather than moral foundation of this antagonism. The Church Fathers saw in the theatre an educational and cultural force closely allied to Roman religion, and recognized that state religious festivals were often marked by performance of plays. As the Church developed its own liturgy, it fostered a rival sense of "congregation" competing with the pagan one, but gradually imitated some of the Roman techniques in its own structure of liturgical worship.[27] Schnusenberg's study, however, is not a theatrical one. There is little allusion to actual plays or to modes of performance. Her interest is in modes of expression, above all, in allegory and symbolism, that may be designated by the adjective "dramatic", but that seem to defeat the very nature of drama as structured imitation of action. Her work, however, is valuable in locating the hostility of the Church leaders towards the theatre on theological rather than ethical grounds.[28]

In medieval, as distinct from ancient, attacks on the morality of the *joculatores* one class or type of entertainer receives special exemption from the condemnations. This is the narrative *raconteur*, and the singling out of such a group reveals a marked partiality toward the teller of tales. He is being sequestered from the *jongleur* who is the singer of courtly amorous lyrical compositions coming from the creative artistry of the troubadours. The respect accorded to the narrative as opposed to the lyrical performer is based on the positive and beneficent effect of the great stories when chanted or read to an audience fascinated by heroic characters and virtuous deeds. The distinction is a fundamental one and is not simply a grudging concession to a small number of exceptionally virtuous entertainers. The class singled out in this way was a major component of the numerous progeny descended from the ancient *mimi*, and it helped to rescue from scorn and censure the profession of *juglaría* as such. Menéndez Pidal says that although a *juglar* could become proficient in both narrative and lyrical materials, the records do not show that he customarily did so. He was a specialist in one type.[29]

The approval and good will shown to narrative recitation are well known in medieval studies, as they appeared in the phrasing of Thomas de Cabham's *Penitential*, but they have been narrowly interpreted as an insignificant indulgence to a few pious entertainers. Cabham's famous dictum expressed a positive attitude toward 'joculatores qui cantant gesta principum et vitas sanctorum'[30], while condemning other kinds of entertainers, notably singers of amorous lyrics and satirical compositions. Chambers' handling of this material in Cabham's *Penitential* seems to me considerably less satisfactory than Faral's. The French scholar recognizes this thirteenth-century formulation by the Sub-Dean of Salisbury Cathedral as the normal and general ecclesiastical position throughout the Middle Ages, precisely codified in that century distinguished by exact formulations and academic analysis (of moral and dogmatic problems). Cabham himself referred to Pope Alexander for a similar toleration of the *joculatores* who confined their repertory to the heroic and hagiographical stories (probably Alexander III).[31] Thomas Aquinas, writing in the same century, excluded from sinfulness all entertainers whose materials were good in themselves, without specifying the genre of the recitations or performances. Aquinas and Cabham are at one in expressing ecclesiastical permission for wholesome play and recreation, St. Thomas giving the general philosophical principle, and Cabham the practical application to existing repertories.[32]

Faral recognizes that the two types of narratives singled out by the *Penitential* are the *chansons de geste* ('gesta principum') and the saints' legends ('vitas sanctorum'). He considers these two kinds of edifying story to be so closely related as almost to form a single genre, and to be characterized by the same literary style.[33] He is, quite clearly, referring to vernacular narratives, including such stories from the tenth century up to the late Middle Ages. What he says, however, is of immense importance for the role that saints' lives played in the repertory of the medieval entertainers from the very beginning, and should clarify the place of the Gallican saints' *vitae* in the pre-Carolingian age. The whole point of re-assessing the institution of *juglaría*, as I see it, is to throw into relief the close association of popular entertainment in the mimic tradition with the pastoral work of the Church, already in the Visigothic and Gallican centuries (sixth to eighth). *Juglaría* was an educational force, available and actually employed for the spiritual cultivation of semi-barbaric Christians still speaking Latin, and capable of being taught by churchmen and by professional entertainers in that language.

Menéndez Pidal names several Spanish rulers who developed a philosophical position quite strongly supportive of *juglaría*, regarding the role of professional entertainment as indispensable in a well-ordered life: 'San Fernando, Alfonso el Sabio, Jaime II de Mallorca o Pedro IV de Aragón los (juglares) llegan a juzgar indispensables para una vida ordenada.'[34] Official recognition of the *juglares* as necessary adjuncts to a royal household was based on

165

the positive contribution they made to the normal operation of government functions. Thomas de Cabham himself had included in his favorable estimate of the *joculatores* discussed above, that those who properly narrated the heroic and saintly stories gave relief to human cares and infirmities.[35] Testimony to the healing efficacy of the singer, instrumentalist, and dancer is abundant in records of the High Middle Ages, both of the statutory and literary kind. The ruler of a country, as well as his retinue of councillors and retainers, experienced the heavy weight of pervasive governmental duties and problems. Relief from these burdens was legitimately sought in the delightful refreshment accorded by the musical beauty of a singer's voice or of his *vihuela*. The *juglar* took his place at the table or in the great hall of the castle, adjusting his performance to the needs of the occasion, whether for merriment, relaxation, or consolation.[36] The household regulations of Jaime II contained the admission that *juglares* participated in the effective governing activity of the realm by softening the heart of the king and easing his tensions in the midst of harassing problems.

The *jongleur* had his respected place also at the bedside of the sick, so that the ministrations of a physician could be supplemented by the resources of the entertainers. Here it is not simply a case of distraction from physical pain, although that kind of relief was sought for the ill and the wounded. The *juglar* was a trusted and valued anodyne also for mental illness. His recitation and the musical accompaniment that he could provide brought consolation in personal grief and could root out the sorrow of unrequited love or the paralyzing torpor of melancholy depression. This kind of reliance upon the healing power of the performing artist is attested not only in literary accounts like the story of Appolonius, but also in the life records of actual persons like Álvaro de Luna and Juan Hurtado de Mendoza, to whom such quasi-medical care was recommended by friends.[37]

The singer of tales was also a participant in the glorification of his country's historical greatness. Although he was usually the performer rather than the composer of narratives, he nevertheless served to propagate and preserve a kind of popular history upon which the learned chroniclers later drew. The *juglares* had an educative role ('una misión de enseñanza historica')[38], and were 'colaborades en la historia y mantenedores del sentimiento nacional'.[39] A whole section of Menéndez Pidal's *Poesía juglaresca*[40] is largely devoted to the task of demonstrating that late medieval Spanish chroniclers drew upon the much earlier and more popular historical accounts circulating among the *juglares*, who thus preserved the facts and legends of heroism for generations to come. Moreover, he expresses the opinion that this educational function of the narrative reciters was fundamental to the ecclesiastical approbation of their activity and to their escape from the excommunication imposed upon most of the other professional entertainers.[41]

Finally, the *juglares* were directly in the service of the Church and were patronized by monasteries and the houses of ecclesiastical prelates. Nothing is more puzzling to the modern reader than this fact, and it needs careful examination for an understanding of its significance. Early records are not easily available on the matter. The testimony for ecclesiastical patronage is, however, abundant in the centuries from the twelfth to the fifteenth and serves as a sign of long-established custom, built up not by precept or law but by the *mores* of a society constructed on the foundations of the Roman Empire. Here Chambers' materials are quite misleading and are genuinely in need of reassessment, as O. B. Hardison pointed out some years ago.[42]

Menéndez Pidal emphasizes again and again that the *juglares* were called upon to participate in church festivals of all kinds, as a regular feature of the celebrations. Their musical ability and their professional skills in reading or narrating to an audience made them immensely valuable adjuncts of the clergy in the direction of ecclesiastical events. The clerical writer often fulfilled the role of composer, translating or adapting a saint's life, for example, in the vernacular speech; but his compositions were meant for recitation or performance by a *juglar*. The collaboration of the clerical au-

thor, trained in hagiography and theology, was given to his professional colleague, who was skilled in the performing arts.[43] It was a
flourishing partnership and it was the normal way of managing the
decorous observation of a great church festival.

A series of articles by the Benedictine scholar, Dom Jean Leclercq[44], has reopened the problem of *juglaría* in the Church, and
his view was subsequently challenged by an Italian writer, Chiara
Frugoni. Father Leclercq studied closely the knowledge that St.
Bernard of Clairvaux had of *juglaría* and his attitude towards it.
The twelfth-century Cistercian ascetic reveals a wide and deep
awareness of the phenomenon and a genuine acceptance of the
positive values in the *jongleur*'s approach to the world. The over-
throw of secular values by a carelessness towards them seems to
emerge from the performer's wandering ways and his comic
sense about life. His profession could thus be seen as a powerful
weapon for the enrichment of monastic spirituality[45], analogous to
the Franciscan apostolate to the laity using the array of dramatic
and narrative techniques for pastoral teaching purposes.

Chiara Frugoni responded to Dom Jean's essays with a fundamental denial of ecclesiastical openness to the jongleuristic profession.[46] Stating absolutely that the Church has always deeply
opposed music, dance, and song as pagan, sensual, and worldly,
she insisted that favorable analyses of *juglaría* were only metaphorical and illustrative, without admitting any genuine spiritual
values in the way of life itself.[47] Much of her essay resembles the
attitudes already expressed by Chambers, and her challenge of
Dom Leclercq's estimate of the phenomenon seems superficial.
One point that both scholars make is that many *juglares* were
themselves clerics in the High Middle Ages, and therefore trained
singers, who valued the clerical tonsure because it gave them a se-
cure and wide acceptance in their travels.[48] With this admission, it
seems to me, the whole case against *juglaría* is weakened and its
availability as a normal instrument of ecclesiastical life is confirm-
ed.[49]

The Spanish study (*Poesía juglaresca*) makes its greatest contribution to the understanding of European minstrelsy at precisely this point. Menéndez Pidal insisted that his position was one that confronted a formidable array of medieval scholars working in the field before him.[50] He chose as his most distinguished exemplar of the clerical poet writing for the *juglar* the thirteenth-century Gonzalo de Berceo, who wrote a verse life of San Millán for the pilgrimage throngs that gathered at the monasteries of Santo Domingo (Silos) and San Millán de la Cogolla. This poet thought of himself as 'juglar de cosas espirituales' and addressed himself to the saint as a devotee, entitled to be called 'tu juglar.'[51] Berceo gives life and reality to the famous metaphor used by Francis of Assisi when he spoke of his new order as made up of *joculatores Domini*. Nothing is more striking than the idea that emerges clearly from Menéndez Pidal's study: that the Franciscans were not using a figure of speech, were not ascribing a metaphorical dimension to their apostolate, but were literally *joculatores* of a spiritual life, using the whole panoply of song, musical accompaniment, and recitation directly in the service of pastoral work.[52] This attribution of spiritual function to the professional minstrel is not only a triumph of the performing art in difficult surroundings, but is a testimony to the great need for the modern scholar to see the medieval phenomenon of *juglaría* in its own historical context—a pagan Roman tradition gradually transformed into a Christian instrument—for the joy and solace of the people gathered in the public square or at the sacred shrine.

The present essay has attempted to draw out and emphasize the case that has been made for an unbroken continuity between the ancient Roman mimic tradition and the repertory of medieval *juglaría*. Such a continuity reveals a controversial duality in the cultural significance of medieval entertainers. It reveals the *jongleurs* as "contradictory beings", steeped in the legal and social *infamia* of ancient Rome but nevertheless capable of transformation in a Christian society into a respected class, ministering to the joy and spiritual well-being of their patrons. In the task of reassessment, the work of Edmond Faral and Menéndez Pidal has been the basic resource, and the comparison of their positions with those of E. K. Chambers has led to suggestions for revision and adjustment of the British scholar's viewpoints, notably his bias against the medieval clergy as censors of the mimetic instinct. A clearer account of medieval attitudes towards *juglaría* can thus emerge.

Notes

*   The present essay, originally read at the Dublin Conference of SITM, is revised, and re-printed with permission, from E. Catherine Dunn's monograph, *The Gallican Saint's Life and the Late Roman Dramatic Tradition*, Washington, 1989, Chapter VI. Dr. Karen Bjelland gave bibliographical assistance in the revision.

1   Karl Young, *The Drama of the Medieval Church*, Oxford, 1933; Grace Frank, *The Medieval French Drama*, Oxford, 1954.

2   E. K. Chambers, *The Mediaeval Stage*, Oxford, 1903; Edmond Faral, *Les Jongleurs en France au moyen âge*, Paris, 1964 [1910[1]]; Ramón Menéndez Pidal, *Poesía juglaresca y juglares* , Madrid, 1969[6].

3   Faral, *Jongleurs*, p. 11.

4   Menéndez Pidal, *Poesía juglaresca*, p. 239 (emphasis supplied).

5   Chambers, *Mediaeval Stage*, vol. I, p. 22.

6   Chambers, *Mediaeval Stage*, vol. I, pp. 23-41.

7   Faral, *Jongleurs*, p. 17.

8   Faral, *Jongleurs*, p. 16.

9   Menéndez Pidal, *Poesía juglaresca*, pp. 80-1.

10   Lodovico Muratori, *Antiquitates Italicae Medii Aevi*, Arretii, 1773-80, vol. II, p. 831.

11   See, e.g.: Menéndez Pidal's discussion on p. 180 and the whole section, pp. 190-218. He also discusses the presence of *mimi* in Spain of the sixth century, as attested by Gregory of Tours' story of a *mimus regis* healed at the intercession of St. Martin (pp. 80-1).

12   Menéndez Pidal, *Poesía juglaresca*, p. 61.

13   Chambers, *Mediaeval Stage*, vol. I, pp. 8-10 and 38-9, details this historical foundation of civic hostility to the acting profession.

14   The attitude is older than Roman society and probably is related to Greek exclusion of performing arts from the life of the free man; but this story is outside the scope of the present work.

15   Chambers, *Mediaeval Stage*, vol. I, p. 8, quotes an extract from the *Di-*

gest that brands with *infamia* anyone who appeared on stage as actor or reciter ('artis ludicrae pronuntiandive causa in scaenam prodierit').

16 Chambers, *Mediaeval Stage*, vol. I, pp. 9-22.

17 Chambers, *Mediaeval Stage*, vol. I, p. 38.

18 Menéndez Pidal, *Poesía juglaresca*, pp. 61-2.

19 See, e.g., Allardyce Nicoll's Chapter 2, 'The Heyday of Mimic Drama', in *Masks, Mimes and Miracles*, New York, 1963, pp. 115-27.

20 Chambers, *Mediaeval Stage*, vol. I, p. 10.

21 Nicoll, *Masks*, p. 115.

22 Nicoll, *Masks*, p. 127.

23 Nicoll, *Masks*, p. 82.

24 *De Civitate Dei* 2:8, as discussed by Chambers, *Mediaeval Stage*, vol. I, pp. 17-8.

25 Chambers, *Mediaeval Stage*, vol. I, pp. 11-22.

26 See Pierre de Labriolle, *Histoire de la littérature latine chrétienne*, Paris, 1947³. The first chapter of volume 1 surveys this complex problem of the early Church's orientation to Graeco-Roman pagan culture.

27 Christine Schnusenberg, *Das Verhältnis von Kirche und Theater*, Bern, 1981. Her general view is worked out in pp. 1-60.

28 See her consideration of Augustine's outlook, pp. 37-9.

29 Menéndez Pidal, *Poesía juglaresca*, p. 35.

30 Faral, *Jongleurs*, p. 44. Chambers quotes the *Penitential*, in his second volume of *The Mediaeval Stage*, Appendix G, and discusses it in volume 1, pp. 59-62.

31 Chambers, *Mediaeval Stage*, vol. I, p. 59, n. 2.

32 Chambers quotes Thomas' view from the *Summa Theologiae*, 2:2, quaest. 168, art. 3. Menéndez Pidal, *Poesía juglaresca*, p. 63, observes that moral theologians made more careful distinctions in this problem than did the contemporary compilers of legal codes.

33 Faral, *Jongleurs*, pp. 46-8.

34 Menéndez Pidal, *Poesía juglaresca*, p. 61.

35 Menéndez Pidal, *Poesía juglaresca*, p. 63.

36 Menéndez Pidal, *Poesía juglaresca*, p. 45.

37 Menéndez Pidal, *Poesía juglaresca*, pp. 60-1.

38 Menéndez Pidal, *Poesía juglaresca*, p. 171.

39 Menéndez Pidal, *Poesía juglaresca*, p. 206.

40 Menéndez Pidal, *Poesía juglaresca*, pp. 169-237.

41 Menéndez Pidal, *Poesía juglaresca*, p. 171.

42 Chambers, *Mediaeval Stage*, vol. I, pp. 23-62. O. B. Hardison offers a critique of Chambers' whole study in the introductory chapter of *Christian Rite and Christian Drama in the Middle Ages*, Baltimore, 1965, pp. 5-18, but he is preoccupied with Chambers' relationship to historical me-

thodology and the theory of evolution in literary forms rather than with his attitudes. Hardison does point out in the British scholar a bias against Christianity, and an anti-clericalism that portrays the medieval ecclesiastics as constantly at war with the mimetic instincts of the folk (pp. 14-7).

43 Menéndez Pidal, *Poesía juglaresca*, pp. 58-9.

44 Dom Jean Leclercq, 'Le thème de la jonglerie chez St. Bernard et ses contemporains', *Revue d'histoire de la spiritualité* 48 (1972), pp. 385-400; Idem, 'Joculator et Saltator: S. Bernard et l'image du jongleur dans les manuscrits', Julian G. Plante [ed.], *Translatio Studii: Manuscript and library studies honoring Oliver L. Kapsner*, Collegeville, 1973, pp. 124-48.

45 Leclercq, 'Le thème', passim.

46 Chiara Settis Frugoni, 'La rappresentazione dei giullari nelle chiese fino al XII sec.', France Alessio *et al.*, *Il contributo dei Giullari alla drammaturgia italiana delle origini*, [Roma], 1978, pp. 124-7.

47 Frugoni, 'Rappresentazione', pp. 115-6.

48 Leclercq, 'Joculator', p. 131; Frugoni, 'Rappresentazione,' p. 123.

49 Margot Fassler, 'The Feast of Fools and *Danielis Ludus*: Popular Tradition in a Medieval Cathedral Play', T. F. Kelly [ed.], *Plain Song in the Age of Polyphony*, Cambridge, pp. 65-99, has addressed the separate but related problem of clerics in minor orders (subdeacons) who performed in the Feast of Fools celebrations during the Christmas octave and whose activities at times called for disciplinary measures by Church authorities, particularly in the thirteenth century.

50 Menéndez Pidal, *Poesía juglaresca*, p. 194.

51 Menéndez Pidal, *Poesía juglaresca*, p. 192.

52 Bruce Wardropper also takes this view in *Historia de la poesía lírica a lo divino en la cristiandad occidental*, Madrid, 1958, pp. 9-10. John Fleming, *An Introduction to the Franciscan Literature of the Middle Ages*, Chicago, 1977, pp. 177-9, likewise has discussed the term *joculatores Domini* as reality rather than metaphor.

Le Drame Liturgique et le Mystère Médiéval en Pologne

Eleonora Udalska

I

Le drame liturgique est connu en Pologne assez tôt, notamment au douzième et treizième siècles. Il n'y a pas de date précise sur le début de l'existence du drame en question. Il est pourtant sûr que le drame et le théâtre du Moyen Age polonais sont nés et ont pris leur développement de la dramatisation de la liturgie médiévale. Les matériaux retrouvés dans les anciens livres liturgiques (vingt quatre manuscrits et deux incunables avec le texte du *Visitatio Sepulchri*)[1], ainsi que les recherches récentes ont servi de base à l'hypothèse présentée ci-dessous.

Nous prétendons que le *Visitatio Sepulchri* comme le spectacle théâtral était entièrement soumis aux mêmes lois et aux mêmes tendances en Pologne que dans les autres pays européens. Tous les textes retrouvés du *Visitatio Sepulchri* sont composés de formules verbales employées par la liturgie. Grâce aux traités liturgiques médiévaux nous connaissons la signification symbolique et allégorique de tous les éléments de la représentation théâtrale[2], c'est-à-dire: formules verbales, personnages, vêtements, gestes, accessoires, mouvements, espace. Aussi faut-il souligner que les scènes varient en fonction de différentes versions.[3] L'évolution, par exemple de la scène de *Petrus et Johannes*, ainsi que, les modifications continues en ce qui concerne l'importance du nombre de personnages et de leur rôle, constitue la preuve, que le *Visitatio Sepulchri* se développait continuellement et devenait progressivement une représentation théâtrale. Le canon de Cracovie est le plus vivant et il influe fortement sur les autres versions. Pourtant la reconstruction des évolutions s'avère très difficile, vu le manque des documents.

Outre les textes, la petite gravure se trouvant dans le *Pontificat* d'Erasme Ciołek du seizième siècle[4], le rite du Vendredi Saint, les sculptures dans les églises, la statue de Jésus Christ aux bras mobiles, les statues de garde près du tombeau constituent une preuve supplémentaire de l'existence du *Visitatio Sepulchri* en Pologne en tant qu'un spectacle théâtral.[5]

Le *Visitatio* était présenté au moins à partir de la deuxième moitié du treizième siècle dans la cathédrale du château de Wawel à Cracovie. La date de la première mise en scène n'est pas connue à aujourd'hui. En s'appuyant sur les documents ultérieurs on peut admettre qu'elle avait eu lieu en 1253. Il est également difficile de connaître le sort de ces représentations dans d'autres diocèses. Ce qu'on sait, c'est que la diffusion du rite se produisait successivement. Au cours des quinzième et seizième siècles on peut déjà parler de la quotidienneté des mises en scène du *Visitatio* dans les riches collégiales. Mais il arrivait aussi de le voir dans des paroisses simples. On observe également une grande croissance du nombre des manuscrits. De cette époque datent les manuscrits qu'on retrouve dans les collégiales de Kielce, Otmuchów, Nysa, Zagan, Głogów, Wrocław (Collégiale de Marie Madeleine). L'un des manuscrits provient d'une simple paroisse de Biała, dans le décanat de Czarnków. Le fait que les deux éditions du Bréviaire de Wrocław datant de 1485 présentent le *Visitatio Sepulchri* témoigne de l'intérêt porté à ces représentations et de l'importance de celui-ci.[6] Le dernier manuscrit provient de l'année 1510[7] et le dernier imprimé du diocèse de Poznan de 1533.[8] Il existe également ment une note qu'en l'an 1377 on a dépensé à Kazimierz (aujourd'hui quartier de Cracovie) six groschis d'argent pour *ludus paschalis*.[9] Après la reforme de la liturgie qui a eu lieu durant le concile de Trente en 1568, la vitalité du *Visitatio* diminue. Et en 1591, Hieronim Powodowski en publiant son *Agenda seu rictus Caeremoniarum* basée sur la nouvelle liturgie met fin à l'existence du *Visitatio Sepulchri* dans la liturgie. Le *Visitatio* qui fonctionnait sur le territoire polonais ressemblait, aussi bien dans sa structure que dans son contenu, aux représentation si répandues en Europe. Certaines divergences notées par rapport à l'archétype sont présentées en détail par Julian Lewanski.[10] Les copies sont basées avant tout sur le modèle de Cracovie, en réalité, d'origine inconnue.

La mise en scène du *Visitatio Sepulchri* en Pologne reprenait les conventions de la tradition européenne. La pratique s'améliorait en fonction des ressources matérielles des collégiales et des paroisses. Les costumes et les accessoires devenaient de plus en plus riches, l'aire de jeu s'agrandissait. Le geste et le mouvement rituel étaient obligatoire. La procession jusqu'au tombeau du Christ constituait un élément important de la mise en scène.

Le tombeau était construit chaque année. Il avait la forme d'une tente bâtie en tissus riches ou bien la forme d'un autel avec une ouverture dans le mur. Les tombeaux en pierre, si fréquents en Tchèquie et en Allemagne, ne se sont pas conservés en Pologne. L'une des miniatures dans le *Pontificat* d'Erasme Ciołek, qui réflète ce rite de manière assez fidèle, représente un sarcophage sculpté et la statue d'un gardien endormi. Il s'agit ici du rite du Vendredi Saint. Le tombeau en forme de sarcophage était répandu en Europe. Il est aussi connu qu'en 1460, au château de Wawel, il y avait un voile peint, présentant les fragments de la passion avec une vue de Jérusalem au fond, qui servait de couverture. Le voile était offert par la reine de France. On peut donc supposer, par analogie, que la couverture ainsi que la statue du Christ aux bras mobiles servait pour la représentation de *Visitatio Sepulchri*. Nous pouvons trouver les mêmes statues du Christ en Pologne.

La miniature de Ciołek a également mémorisé Trois Maries (incarnées probablement par les religieux portant des amicts) qui se rendent au tombeau avec les onctions, et les fidèles qui participent au rite. Les tentions qui se dessinent sur leurs visages laissent supposer que les représentations du *Visitatio Sepulchri* étaient la source des émotions religieuses et esthétiques. C'était une forme de prière et du vrai théâtre. La participation à ces dramatisations était un acte religieux et ludique. Les mises en scène se référaient à la signification symbolique des événements racontés dans l'Evangile de Saint Marc avec des compléments ainsi qu'au contact réel des acteurs avec le monde de la Tradition. L'importance des parties chantées et musicales enrichissait la fonction cathartique de la mise en scène. Les copies des instructions concernant les représentations[11] du *Visitatio* qui circulaient en Europe, constituent la preuve qu'il s'agissait d'une représentation basée sur les lois théâtrales. Le *Visitatio Sepulchri* s'avère être un genre de théâtre religieux du Moyen Age aussi bien en Pologne que dans d'autres pays.

II

Pourtant plusieurs questions touchant le développement des mystères en langue polonaise et leur place dans la culture du Moyen Age restent sans réponse.

Il n'y a pas beaucoup de textes des mystères conservés jusqu'à aujourd'hui. On trouve quelques traces au quinzième siècle.[12] Mais le premier texte complet du mystère polonais, *L'histoire de la glorieuse résurrection du seigneur*, écrit par Mikolaj de Wilkowiecko date de la fin du seizième siècle. Il a été créé à Cracovie vers 1580.[13] Le texte contient le mystère des Pâques, assez court. L'action commence après l'enterrement du Christ et finit par l'image de son apparition au cénacle. Le prologue est précédé d'une instruction concise proposée au metteur en scène de ce mystère. Cette représentation devait avoir lieu dans l'église ou au cimetière dans la période entre les fêtes Pâques et l'Ascension, évidemment avec le consentement de l'autorité ecclésiastique. On prévoyait la participation de trente-cinq personnages. Ce nombre pourrait diminuer à vingt-et-un si les acteurs incarnaient plusieurs rôles. On ne prévoyait pas des personnages allégoriques. Beaucoup de remarques qu'on trouve dans le prologue, suggèrent les techniques de la mise en scène de ce spectacle. Il s'agit ici de l'espace des mansions ainsi que des déplacements des acteurs. On parle du Satan qui habite une porte solide, voire l'Enfer, qu'on a placée dans le coin droit. Le Paradis n'existe pas. Il se trouve probablement à l'emplacement du tombeau du Christ. Dans les quatre coins du tombeau, l'auteur recommande de mettre en place quatre gardiens. Peut être au milieu, d'après les suggestions de Zbigniew Raszewski[14], se trouve le palais du Pilât, une grande mansion avec des bancs ou des chaises. Il s'agit alors de l'arrivée des prêtres chez Pilât qui à ce moment-là se lève en leur désignant de main les sièges pour s'asseoir.

Plusieurs remarques portent sur le jeu des acteurs, les costumes et la voix. Le Christ doit être vêtu en aube, en étole et en chape, les satans doivent parler *recto-tono*. Les gestes, les mouvements et les attitudes des acteurs font aussi l'objet des remarques de l'auteur. Le changement de l'ambiance est aussi fortement accentué. La construction du spectacle contient les images des mœurs. La scène de l'achat des essences aromatiques chez Ruben semble être la plus comique; elle était certainement jouée dans l'esprit de la convention satirique tout comme les scènes dans l'enfer. Les diables sont conscients de leurs droits et de leurs biens. Ils parlent une langue grossière et rude. Jésus Christ le leur rend bien. L'épisode de la descente à l'enfer paraît bien développé. La tradition de la mise en scène des mystères était déjà bien enracinée dans la conscience de l'auteur de l'*Histoire de la glorieuse résurrection du Seigneur* qui connaît bien les lois de la scène et rassemble la parole, la musique, le chant en un tout harmonieux. Si l'on parle des principes de cette représentation, nous constatons que l'auteur se réfère à une tradition déjà stabilisée de la mise en scène et qu'il possède une bonne connaissance de ce genre de spectacle.[15]

Ce mystère a profondément pénétré dans la culture théâtrale des siècles ultérieurs. Les transformations de l'*Histoire de la glorieuse résurrection de Seigneur* apparaissent en forme d'imprimés ou manuscrits dans de différents endroits du pays jusqu'à la fin du dix-huitième siècle. Les versions ultérieures conservent nettement les conventions de ce genre littéraire.[16] Elles ont un impact direct sur le développement des mystères dans de différents milieux culturels. Ceci pourtant est une question à part qui ne sera pas traitée dans cet article. Juste à titre d'indication, on peut dire que l'influence de celui qui est le plus ancien des mystères polonais s'étalait sur la littérature, les arts plastiques, la musique et la mise en scène théâtrale.

III

Ainsi une nouvelle question s'impose: sous quelle forme le mystère prolonge son existence à travers les siècles ?

Il est évident que le mystère[17] religieux de *Kalwaria Zebrzydowska* datant de la première décade du dix-septième siècle aussi bien que la *szopka* (l'étable) restent toujours vivants dans la culture polonaise. Ils représentent deux genres différents des mystères dignes d'une étude détaillée vu leur durabilité et l'importance de leur impact. Dans les limites de cette étude, nous nous bornerons à indiquer quelques directions d'analyse. Le mystère de *Kalwaria Zebrzydowska*, spectacle religieux qui réveille l'imagination de l'homme et dirige sa pensée vers les méditations métaphysiques, constitue le prolongement du mystère des Pâques.

Quant à la *szopka*, il ne faut pas identifier cette forme ni avec la crèche ni avec le mystère des marionettes de l'Europe de l'Ouest; c'est une représentation théâtrale populaire, typiquement polonaise, présentée à l'époque de Noël. Voici donc quelques remarques à ce sujet. La *szopka* est l'une des formes du théâtre national, un prolongement de la tradition du mystère de Noël. La querelle sur l'origine de la *szopka* ne finit pas.[18] Elle a, sans doute, beaucoup de ressemblances avec le *wertep* ukrainien et la *betlejka* biélorusse.[19] Les uns trouvent l'origine de la *szopka* dans un mystère des marionnettes du Moyen Age, qui se répend à l'époque, dans de différents pays.[20] Les autres y voient une reproduction théâtrale de la crèche immobile, installée dans les églises pendant le Noël.[21] D'autres encore (et nous sommes parmi eux) trouvent son origine dans la coutume polonaise de *koledowanie*. Les jeunes gens, en groupes bien organisés, se promenaient à travers les quartiers urbains et ensuite à travers les villages en chantant les cantiques de Noël; ils rendaient visite aux habitants pour leur remettre les meilleurs voeux et recevoir les dons.[22]

Ce qui est incontestable, c'est le fait que dès son origine, la *szopka* constituait un théâtre ambulant qui associait le jeux des marionnettes avec le chant des cantiques de Noël, la musique populaire et les motifs du contenu, si caractéristiques pour les mystères du Moyen Age. Depuis la fin du seizième siècle, au moins, elle constituait l'élément vivant de la culture théâtrale polonaise aussi bien dans les milieux instruits que parmi le peuple. L'architecture de la crèche témoigne des liens directs avec le mystère. La *szopka* de Cracovie se compose de trois mansions avec une tour de chaque côté. Elle a un proscenium spacieux avec une étroite ouverture placée en ogive entre les deux mansions. C'est là qu'on faisait défiler les marionnettes, les *kukielki*. Ce genre des poupées n'était pas connu en Europe du dix-septième siècle dans le théâtre des marionnettes.

La *szopka* polonaise, le *wertep* ukrainien ainsi que la *betlejka* biélorusse et silésienne, mettent en évidence l'épisode d'Hérode et en font une action principale. L'histoire des actes d'Hérode et le thème de sa punition par la mort qui vient lui couper la tête avec une faux, réapparaissent dans tous les textes de la *szopka* conservés à aujourd'hui. Ce sont les motifs qui distinguent la *szopka* du mystère des marionnettes de l'Europe de l'Ouest. Mais il existe aussi des ressemblances entre la *szopka* et le mystère qui consiste en association des éléments laïques aux éléments satiriques; ce sont ces derniers qui trouvent leur origine dans les intermèdes qui contribuent à un développement original de ce genre. On introduisait dans la *szopka* les défilés de différents personnages. On peut lier cet élément avec la tradition d'une moralité allégorique du seizième siècle, mais il est en même temps à noter que la coutume purement polonaise de *koledowanie* des étudiants et des serviteurs de l'église marque fortement la construction de la *szopka* polonaise. La composition des textes de la *szopka*, se basant sur une procession, constitue un bon moyen de faire une revue de personnages, des scènes et même des fils du récit. Les participants de la *szopka* manifestent beaucoup d'invention à travers son déroulement. Ils enrichissent le contenu qui présente des éléments laïques et souvent régionaux. Ce phénomène devient de plus en plus fréquent et il atteint son extrémité au dix-neuvième siècle. Les créateurs de la *szopka* adaptaient les scènes, les couplets et les dialogues entiers du théâtre professionnel. Le nombre des personnages dans la *szopka* augmentait. Dans les représentations de Cracovie à côté des personnages du mystère apparaissent un Cracovien, une Cracovienne, un Cosaque, une Cosaque, un uhlan, un sapeur, un officier, un montagnard, un Juif et un vieux bonhomme qui ferme le spectacle. Un tel enrichissement des scènes a détruit l'unité et la cohérence de ce genre. Mais la *szopka* ne perd rien de la charpente d'un mystère. En unissant en elle-même parole, mouvement et chant populaire de Noël, la *szopka* devient, à travers les siècles, le théâtre le plus populaire pour le peuple. Les tendances satiriques amènent au vingtième siècle la création de la *szopka* satirique, telle que Zielony Balonik (*Le petit ballon vert*) et celles d'entre les deux guerres: *Momus, Barbier de Séville, Piccador*. Le courant poétique de la *szopka* crée une deuxième forme d'un spectacle de Noël connu sous le nom de *Jaselka Polskie*, joué sur les scènes théâtrales ou dans les églises par les vrais acteurs. Ce spectacle garde lui aussi la structure du mystère. Les personnages mettent en évidence les problèmes les plus importants de la vie du pays. Ce spectacle émanant un charme spécial est très mélodieux et très pittoresque. Dans les *Jaselka Polskie* présentés dans un théâtre, la crèche impose le cadre de l'espace scénique. Les personnages traditionnels de la *szopka* incarnés par les vrais acteurs font revivre la beauté de la tradition populaire polonaise, unique dans son genre. La *szopka* de Cracovie, la plus riche et la plus connue des *szopkas* constitue un point de départ pour les deux tendances en question. Ainsi le mystère médiéval existe toujours et il reste vivant dans la culture polonaise.

La coutume populaire de *koledowanie* est encore assez vive dans certaines régions, en Silésie par exemple, pourtant le développement des "mass media" influe de manière de plus en plus importante sur la disparition des formes de la tradition populaire. Le mystère de *Kalwaria Zebrzydowska* est depuis son origine une procession. Son appellation vient du nom de son fondateur Mikolaj Zebrzydowski. Dans la première décennie du dix-septième siècle, en prenant comme l'exemple Jérusalem, il a fait construire le chemin de la croix du Christ. Pourtant la tradition de la représentation du calvaire est bien antérieure. Le scénario était simple. La personne qui incarnait le Christ (d'habitude s'était toujours quelqu'un de très important) portait la croix d'une église à une autre. Les fidèles qui prenait part au rituel chantaient les chants de passion. Stanislaw Grochowski a composé les *Hymnes de la Passion du Christ* (1611) pour cette cérémonie. Les endroits du martyr du Christ ont été introduits dans l'architecture du paysage de *Kalwaria Zebrzydowska*. Sur un terrain montagneux on a construit l'hôtel de Pilât, le palais d'Hérode, les maisons de Caïphe et d'Anne, sur les collines on a implanté les chapelles mémorisant les scènes de la passion avec un accent particulier mis sur Ogrójec. La rivière Skawinka est devenue Cedron biblique. Dans ce complexe scénographique monumental on a introduit le mystère. Deux scénarios se sont conservés: celui d'Abraham Rozniakowski, *Pamiatka krwawej ofiary Pana Zbawiciela* (1610) et de Franciszek Postekalski, *Viarium Redemptoris nostrae* (1620).

Le mystère de Kalwaria attirait les pèlerins du moment de sa création. Il est difficile de reconstruire la forme primaire du mystère. Nous ne connaissons que les relations des pèlerins datants des siècles ultérieurs. Il est probable que la mise en scène se basait sur les règles du théâtre baroque.[23] Le spectacle de *Kalwaria Zebrzydowska* à caractère de mystère est compté parmi les plus intéressants en Europe.[24] Etant un mystère des Pâques, il attire les foules des fidèles et des observateurs chaque année.

Notes

1 Julian Lewanski [éd], *Dramaty starpolskie: Antologia*, Warzawa, 1959–63, tome I, pp. 95-163; aussi: Julian Lewanski, 'Dramat i dramatyzacja liturgiczna w sredniowieczu polskim', *Musica Medii Aevi* 1 (1965), pp. 96-174; Walther Lipphardt [éd.], *Lateinische Osterfeiern und Osterspiele*, Berlin, 1975-90 [réimpression des manuscrits et correction des erreurs].

2 Z. Modzelewski, 'Estetyka sredniowiecznego dramatu liturgicznego (cykl Wielkiego Tygodnia w Polsce', *Roczniki Humanistyczne* 12 (1964), pp. 5-69; Zbigniew Raszewski, *Krótka historia teatru polskiego*, Warszawa, 1977, pp. 9-12.

3 Il y a la version de Cracovie, Gniezno, Płock, Poznan, Kielce et de sept villes de Silésie.

4 Ms. Biblioteka Kapituly Krakowskiej, no 10.

5 Voir aussi les sculptures de l'Autel de Wit Stwosz (quinzième siècle), Kosciól Mariacki à Cracovie.

6 *Breviarum Wratislaviense*, Speyer, 1485 (*Gesamtkatalog der Wiegendrucke*, Leipzig, 1924–, tome XX, n° 5510); exemplaire unique dans la Bibliothèque Universitaire de Wrocław, sign. XV Q 64; voir B. Kocowski, *Katalog nikunabulow Biblioteki Uniwersytetu Wrocławskiego*, Wrocław, 1959, n° 671, et Strasbourg, 1485 (*Gesamtkatalog*, n° 5511); voir Kocowski, *Katalog*, n° 672.

7 *Liber responsalis Cracoviensis*, 1471, Ms. Biblioteka Kapituly Krakowskiej, n° 85, fols. 116^v-7^v.

8 *Agenda secundum cursum et rubricam Eccl. Cathedralis Posnaniensis*, Lipsiae, 1533. Tous les faits sont cités d'après Julian Lewanski, *Dramat i teatr sredniowiecza i renesansu w Polsce*, Warszawa, 1981, pp. 51-66.

9 On utilise en Pologne trois termes: *ludus paschalis, le drame liturgique* et *oficium dramatique*.

10 Julian Lewanski, *Sredniowieczne gatunki dramatyczno-teatralne: Dramat liturgiczny*, Wrocław, 1966; aussi: Lewanski, *Dramat i teatr*, pp. 56-7.

11 Voir pour exemple Saint Ethelwold: *Regularis concordia monachorum*, E. K. Chambers, *The Mediaeval Stage*, Oxford, 1903, tome II, p. 309. Traduction polonaise par A. Kruczynski dans E. Udalska [réd.] *O dramacie*, Warszawa, 1989, pp. 203-4.

12 Voir *Skarga Umierajacego*, 1470, Biblioteka Kapitulna , Wrocław, Ms. 2, fol. 12^{r-v}; aussi *Lament Swietokrzyski (Zale Matki Boskiej pod Krzyzem)*, quinzième siècle, manuscrit perdu pendant la deuxième guerre mondiale. Dernière édition: Lewanski [éd.], *Dramaty staropolskie*, tome I, pp. 187-92; pp. 181-6.

13 *Historyja o chwalebnym Zmartwychwstaniu Panskim, ze czterech Swie-
    tych Ewangelistów zebrana wierszykami, spisana przez ksiedza Mikola-
    ja z Wielkowiecka, zakonnika czestochowskiego*, Kraków, vers 1580,
    Ms. Bibl. PAN Kornik Cim. O 496 (exemplaire unique). Editions: S.
    Windakiewicz, Kraków, 1893; Lewanski [éd.], *Dramaty staropolskie*,
    tome II, pp. 285-354; J. Okon, *Historyja o chwalebnym Zmartwychw-
    staniu Panskim*, Kraków, 1971 (quatre versions).
14 Zbigniew Raszewski, *Krótka historia teatru polskiego*, Warszawa, 1977,
    pp. 14-5.
15 Voir: Lewanski, *Dramat i teatr*, pp. 140-82.
16 Voir par exemple: A. Rozniakowski, *Pamiatka krwawej ofiary Pana
    Zbawiciela*, 1610; F. Postekalski, *Varium Redemptoris nostrae*, 1620.
17 Voir Eleonora Udalska, 'Les mystères polonais dans le théâtre de Kazi-
    mierz Dejmek', M. Chiabo, F. Doglio et M. Maymone [éds.], *Atti del IV
    Colloquio della Société Internationale pour l'Etude du Théâtre Médié-
    val*, Viterbo, 1983, pp. 589-97.
18 Voir: R. Wierzbowski, 'Ksztaltowanie sie pogladów na dzieje szopki',
    Prace Polonistyczne 21 (1965 [=1966]), pp. 28-52; S. Dürr-Durski, 'Jak
    powstala polska szopka betlejemska', *Literatura, komparystyka, folklor*;
    Ksiega pamiatkowa poswiecona J. Krzyzanowskiemu, Warszawa, 1969,
    pp. 792-7.
19 J. C. Roberti, 'Le théâtre populaire russe: Essai de définition et étude du
    théâtre de marionnettes', J. C. Roberti, [éd.], *Le théâtre populaire: Situ-
    ations historiques*, Rennes, [1980], p. 28.
20 Henryk Jurkowski, *Dzieje teatru lalek*, Warszawa, 1970, tome I, pp. 73-
    90.
21 R. Wierzbowski, 'Z zagadnien szopki koledowej', *Zeszyty Naukowe
    Uniwersytetu Lodzkiego* 41 (1965), série I, pp. 47-65.
22 Voir le préface de Jan Okon, *Staropolskie pastoralki dramatyczne: Anto-
    logia*, Wrocław, 1989, pp. 4-59.
23 Voir: Czeslaw Hernas, *Barok*, Warszawa, 1973, pp. 168-70.
24 Voir: A. Bednarz, 'Les mystères de la Passion en Europe au 20e siècle'.
    Thèse de doctorat sous la direction de Martin de Rougemont, Paris III,
    1996.

CONSTELLATION CALIBAN
Figurations of a Character
Ed. by Nadia Lie and Theo D'haen
Amsterdam/Atlanta, GA 1997. 356 pp. With ill.
(Textxet 10)

ISBN: 90-420-0244-1   Bound Hfl. 175,-/US-$ 92.-
ISBN: 90-420-0238-7   Paper Hfl. 50,-/US-$ 26.-

"We are now in the Age of Caliban rather than in the Time of Ariel or the Era of Propero," Harold Bloom claimed in 1992. Bloom was specifically referring to Caliban's rising popularity as the prototype of the colonised or repressed subject, especially since the 1980s. However, already earlier the figure of Caliban had inspired artists from the most divergent backgrounds: Robert Browning, Ernest Renan, Aimé Césaire, and Peter Greenaway, to name only some of the better known.

Much has already been published on Caliban, and there exist a number of excellent surveys of this character's appearance in literature and the other arts. The present collection does not aim to trace Caliban over the ages. Rather, Constellation Caliban intends to look at a number of specific refigurations of caliban. What is the Caliban-figure's role and function within a specific work of art? What is its relation to the other signifiers in that work of art? What interests are invested in the Caliban-figure, what values does it represent or advocate? Whose interests and values are these?

These and similar questions guided the contributors to the present volume. In other words, what one finds here is not a study of origins, not a genealogy, not a reception-study, but rather a fascinating series of case studies informed by current theoretical debate in areas such as women's studies, sociology of literature and of the intellectuals, nation-formation, new historicism, etc.

Its interdisciplinary approach and its attention to matters of multi-culturalism make Constellation Caliban into an unusually wide ranging and highly original contribution to Shakespeare-studies. The book should appeal to students of English Literature, Modern European Literature, Comparative Literature, Drama or Theatre Studies, and Cultural Studies, as well as to anyone interested in looking at literature within a broad social and historical context while still appreciating detailed textual analyses.

EDITIONS RODOPI B.V.

USA/Canada: **All Other Countries:**
2015 South Park Place   Keizersgracht 302-304
Atlanta, GA 30339   1016 EX Amsterdam
Tel. (770) 933-0027   The Netherlands
Fax (770) 933-9644   Tel. ++ 31 (0)20 622 75 07
Call toll-free (U.S.only) 1-800-225-3998   Fax ++ 31 (0)20 638 09 48
e-mail: orders-queries@rodopi.nl — http://www.rodopi.nl

RUTH B. EMDE

Schauspielerinnen im Europa des 18. Jahrhunderts: Ihr Leben, Ihre Schriften und Ihr Publikum

Amsterdam/Atlanta, GA 1997. XV,368 pp.
(Internationale Forschungen zur Allgemeinen und Vergleichenden Literaturwissenschaft 26)
ISBN: 90-420-0361-8   Bound Hfl. 160,-/US-$ 84.-
ISBN: 90-420-0351-0   Paper Hfl. 55,-/US-$ 28.50

Das Theater des 18. Jahrhunderts war Schauplatz für Auseinandersetzungen, deren Ergebnisse bis heute unsere Wahrnehmung von Kunst, Wirklichkeit, Illusion, Natur und der Geschlechterrollen bestimmen. In diesen Auseinandersetzungen spielten Schauspielerinnen die größte Rolle, denn der Bruch zwischen Realität und Fiktion sollte in der Physis und Psyche der Schauspielerin aufgehoben werden. Für die literarischen, ästhetischen und moralischen Diskurse des 18. Jahrhunderts gehören daher die Schriften von und über Schauspielerinnen zu den wichtigsten, jedoch bislang nicht berücksichtigten Forschungsgrundlagen. Sie kommen in dieser Untersuchung erstmals als kontroverse Standpunkte in jenen Diskussionen zum Sprechen, in denen die Begriffe Frauen und Fiktion aus einem Machtinteresse miteinander verknüpft wurden.

Um dieses alte Machtinteresse in ein aktuelles Erkenntnisinteresse zu verwandeln, wird hier nicht mehr nach einer historischen Wahrheit gefragt, sondern nach der Fiktionalität von Texten, nicht die soziale Realität soll rekonstruiert werden, vielmehr die unterschiedlichen Betrachtungsweisen von Wirklichkeit und Illusion. Und es wird nicht danach gefragt, wie Männer und Frauen waren oder sein sollten, sondern nach den Rollen, die sie einander streitig machten. Als Antagonisten treten Väter und Töchter auf, Herrscher und Untertaninnen, Gelehrte und Prinzipalinnen, Feuilletonisten und Tragödinnen, Liebhaber und Künstlerinnen, Zensoren und Rebellinnen, die Kirche und Wanderschauspielerinnen, der Harlekin und die Tragödie.

Schauspielerinnen nahmen nicht nur gegenüber einer unaufgeklärten Öffentlichkeit eine kritische Haltung ein, sondern auch einer Öffentlichkeit, die sich selbst für aufgeklärt hielt. Der Kampf der Schauspielerinnen um ihre Selbstbestimmung war allerdings mit ihrer Lebensspanne erschöpft und am Ende des 18. Jahrhunderts bis auf weiteres für alle Frauen verloren. Zweihundert Jahre später ist es Zeit, sich ihre Ziele, ihre Konflikte, ihren Protest und ihre Erkenntnisse zu vergegenwärtigen.

EDITIONS RODOPI B.V.

USA / Canada: **All Other Countries:**
2015 South Park Place   Keizersgracht 302-304
Atlanta, GA 30339   1016 EX Amsterdam, The Netherlands
Phone (770) 933-0027 / **Fax** 933-9644   **Tel.** ++ 31 (0)20 622 75 07
Call toll-free (U.S.only) 1-800-225-3998   **Fax** ++ 31 (0)20 638 09 48
e-mail: orders-queries@rodopi.nl — http://www.rodopi.nl

MARTIN GOSMAN

La légende d'Alexandre le Grand dans la littérature française du 12ᵉ siècle Une réécriture permanente

Amsterdam/Atlanta, GA 1997. 395 pp.
(Faux Titre 133)
ISBN: 90-420-0213-1   Bound Hfl. 200,-/US-$ 124.-
ISBN: 90-420-0191-7   Paper Hfl. 60,-/US-$ 37.50

L'aventure extraordinaire d'Alexandre a fait de lui un héros hors du commun dont les échos ont rencontré des interprétations bienveillantes et enthousiastes aussi bien que des commentaires franchement négatifs. Pour les uns Alexandre était le roi modèle que les princes de ce monde feraient bien d'imiter: tout succès serait alors garanti. Pour les autres le comportement du jeune roi constituait un anti-exemple: son arrogance, son hybris étaient inacceptables, voire pernicieux. Chaque société réceptrice a ainsi récrit l'aventure dans la perspective qu'elle a jugée fonctionnelle.

    Le travail que voici présente pour la première fois l'évolution des réécritures consacrées à Alexandre le Grand dans la littérature française du 12ᵉ siècle depuis le texte d'Albéric (début du siècle) jusqu'au *Vengement Alixandre* de Gui de Cambrai (vers 1191). Entre ces deux textes-là on trouve l'*Alexandre décasyllabique*, le *Fuerre de Gadres* mis sur le compte d'un certain Eustache, l'*Alexandre en Orient* de Lambert le Tort, la *Mort Alixandre*, les versions conservées par les manuscrits Arsenal et Venise, le *Roman de toute Chevalerie* attribué à Thomas de Kent, la *Venjance Alixandre* de Jehan le Nevelon ainsi que le grand *Roman d'Alexandre*, terminé vers 1184/5, par Alexandre de Bernai dit de Paris, où Alexandre est vraiment le roi modèle.

    Ce dernier texte se distingue d'ailleurs non seulement des autres réécritures en territoire français de par sa solide charpente organisatrice (son compilateur l'a voulu *example* fonctionnel), mais aussi de par le fait qu'il est le seul à avoir occasionné de nombreuses suites et interpolations, parmi lesquelles, entre autres, les fameux *Vœux du Paon* de Jacques de Longuyon (1313/4). La compilation d'Alexandre de Bernai dit de Paris est devenue, et ce à juste titre, la vulgate de la tradition française. A travers les analyses des différentes réécritures françaises de la vie du grand Macédonien que nous a léguées le 12ᵉ siècle se profile le statut unique du grand roman antique qu'est le *Roman d'Alexandre*.

USA/Canada: Editions Rodopi B.V., 2015 South Park Place, Atlanta, GA
    30339, Tel. (770) 933-0027, *Call toll-free* (U.S. only) 1-800-225- 3998,
    Fax (770) 933-9644, *E-mail:* orders-queries@rodopi.nl
All Other Countries: Editions Rodopi B.V., Keizersgracht 302-304, 1016 E
    Amsterdam, The Netherlands. Tel. + + 31 (0)20-622-5-07, Fax + + 31
    (0)20-638-09-48, *E-mail:* orders-queries@rodopi.nl